富士山噴火と東海大地震

あなたの生命と家族、
財産を守るために

木村政昭｜監修
〈琉球大学理学部教授〉
安恒 理 ほか｜著
〈ジャーナリスト〉

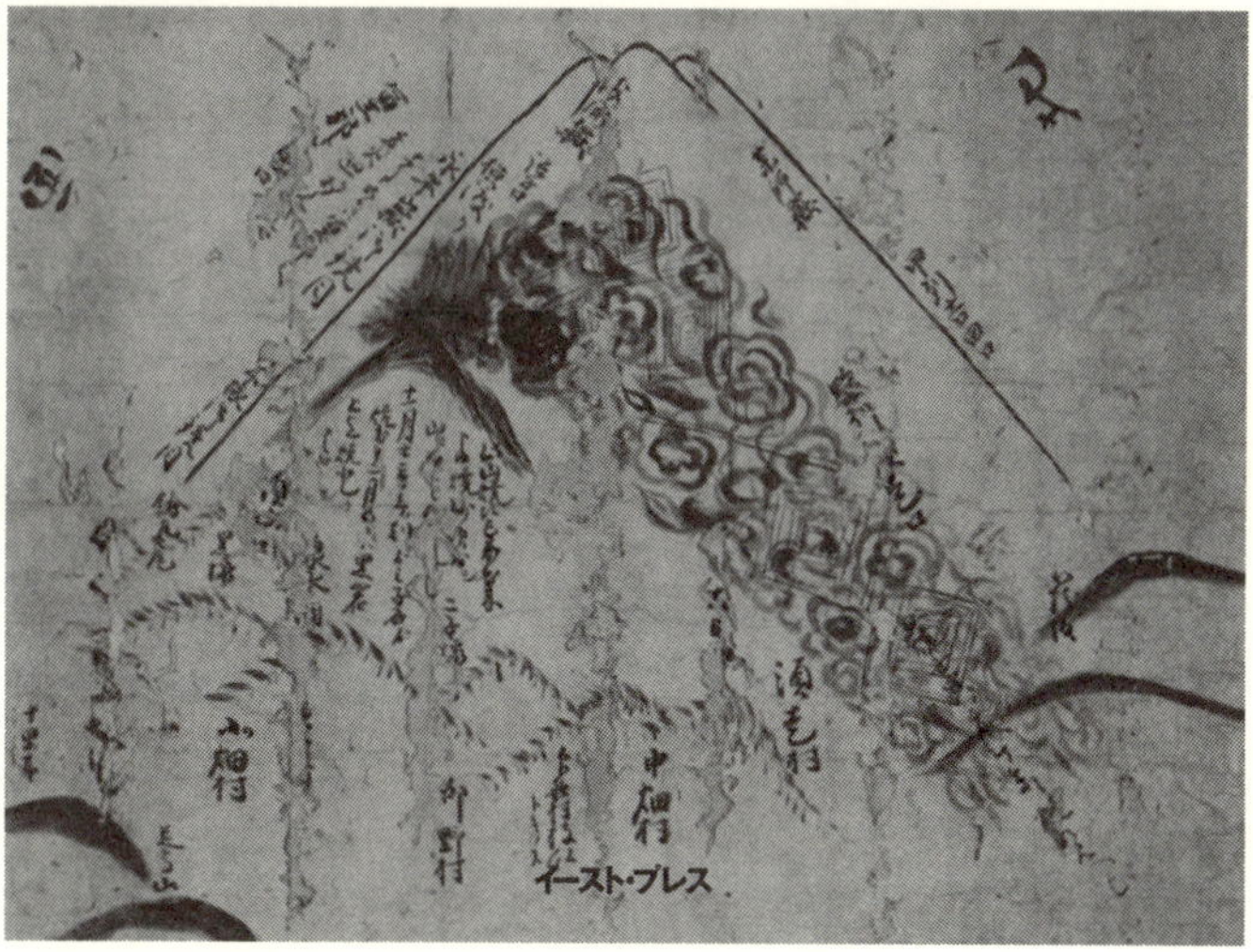

イースト・プレス

はじめに

「日本一の山」と歌われ、その美しい景観から、日本のシンボルとして外国の観光客からも親しまれている富士山に、いま危機が迫っている。

２０００年9月以降、富士山北東側で低周波地震が頻繁に観測され、多くの火山学者が、富士山の地殻活動が活発になったと見ている。

最後の噴火からおよそ３００年。富士山はいつ噴火してもおかしくないという状況にあるといっていい。

そして２００１年6月には、山梨県河口湖町で、約1万５０００人が参加する「富士山噴火」を想定した初の防災訓練が行なわれた。国内有数の観光地である富士山では、噴火の可能性を口にすることは、長い間、〝タブー〟とされてきただけに、地元の危機意識がうかがえる。

さらに、文部科学省が富士山南西側にマグマの動きを感知する「傾斜計」を設置。日本大学でも、富士山の様子を映し出す監視カメラを設置して常時監視し、画像はインターネットで24時間公開するなど、噴火予知への体制づくりが急ピッチで進められている。

危機が迫っているのは、なにも富士山だけではない。日本列島全体が、噴火に深いつながりがあるとされる地震の脅威にさらされているのだ。1995年に、神戸地区に壊滅的な被害をもたらした阪神・淡路大震災のあとも、大きな地震が相次いでいる。そして、東海地震、南海地震が近い将来、かなり高い確率で起こるという。

われわれは、これらの地震や火山の噴火といった災害に、どう対処すればいいのだろうか——。

「もし、地震や火山噴火が起こったときは、仕方がない。運を天に任せるだけ……」というのもひとつの考え方だろう。しかし、地震や噴火について、あらかじめ知識を持って、ふだんから対策を立てていれば、被害を最小限に抑えることも可能なはずである。災害に対して、国や自治体に任せきりにするのではなく、いま、どのような状況にあるのか、万が一のときにはどう行動すればいいのか、われわれ国民は知っておくべきではないだろうか。

本書はこのような観点、考え方のもとに取材し、まとめたものである。

これまで、「富士山噴火」「東海地震」に対して、マスコミの扱いは、いたずらに不安を煽るものが多かった。しかし、ここでは現在の状況をできるだけ正確に知っていただくために、さまざまな行政機関や専門家たちに取材を試みた。あらゆる科学的データを集め、検討し、わかりやすく解説したつもりである。

多くの方々に地震や火山噴火に関心をもっていただき、少しでも防災意識を高めてもらえれば、こんなうれしいことはない。

そして、本書が実際に役立つ機会が、永遠に訪れないことを願うばかりである。

2001年8月

●富士山噴火と東海大地震●目次

過去最大級の「宝永の大噴火」
富士山の噴火はなぜ深刻なのか

2章

連動するか、富士山噴火と東海大地震

――噴火・大地震の予測はどこまで可能か

富士山噴火で世界的な冷害が起きる

4章

ライフラインの機能マヒで住民パニック！

――ガス、水道、電気、交通手段、そして情報は……

断水は避けられない！
完全に機能マヒする陸、空の交通網
食料パニックで暴動騒ぎ!?
通信網も機能不全！
地下やトンネル、高層ビルの被害は？
日本の経済活動がストップする
病院でも助かるとはかぎらない

5 章

災害から身を守るサバイバル術

——生死を分けるカギは冷静な状況判断

6章

「緊急事態宣言」が発令される日

――国・自治体が進める防災体制を知っておくこと

パニックを避けるには〝情報〟の把握がカギ

着々と進められる東海地震の防災体制

国家規模の大災害時に内閣から発令される

自衛隊、消防隊員、警察官はいつ出動するのか?

各省庁の役割と分業体制

海外からの支援、援助の受け入れ体制の不備

強まる首都移転の可能性

7章 大災害に備える事前対策は万全か

——〝そのとき〟ではもう遅い

観光への悪影響を心配するだけではダメ
富士山火山防災ハンドブックを配布する官公庁
大切なデータはフロッピーディスクに保存しておくこと
非常持ち出し袋を常備しよう
緊急時には何がいちばん必要か？
予備のお金を確保しておく
思わぬ威力を発揮するミニバイク
友人、知人、近所の人たちと連携を保つ
ペットの写真も用意しておこう
ガラスの被害から身を守る運動靴や手袋
真っ先に家族の安全を確保せよ

8章 被災後の生活設計をどう立てる
──災害に負けない精神力を身につけよ

1章

富士山は、いつ噴火してもおかしくない

——活火山が300年の眠りから目覚めようとしている！

●地球規模で地震・火山活動が活発化している

「東海地震発生、死者5851人！
富士山噴火、日本経済大崩壊！」

こんな絵空事のように思われていた東海地震と富士山の大噴火が、現実のものになろうとしている――。さまざまなデータが「Xデー近し」を示しているのだ。

自分の生活が、大地震や火山の噴火で破壊され尽くす――などということを考えたことがあるだろうか？

このごろ頻発する大災害のニュースを目にして、「自分も同じ目にあったら……」と漠然とした不安を抱きながらも、実際に災害への対策まで考えている人は、はるかに少数派ではないだろうか。災害に遭遇した被災者たちも、「まさか自分がこんな目にあうなんて……」という思いは強いに違いない。

現在、世界各地で大規模な地震や火山噴火が相次いで起きている。

1980年代後半以降のものをざっとあげてみると、アルメニア大地震（旧ソ連邦・1988年12月）、ロマプリエタ地震（アメリカ・1989年10月）などの大地震が起きており、90年代以降は日本列島でも地震活動が盛んに起きている。

93年1月の「北海道釧路沖地震（マグニチュード〈以下M〉7・8）」、同年7月には、同じ北海道の奥尻島周辺を震源とする「北海道南西沖地震（M7・8）」が発生し、津波と火災の二次災害などで約200人の死者が出た。

90年以降の日本における地震活動は、この二つの地震に代表されるように、北海道・東北エリアから活発化してきたところが特徴といえる。

このことはその後、94年10月に「北海道東方沖地震（M8・1）」が発生したことや、同年12月に「三陸はるか沖地震（M7・5）」が起きたことでも明らかだ。そして、日本人に、あらためて地震の恐ろしさをまざまざと見せつけたのが、95年1月に発生した「阪神・淡路大震災（M7・2）」である。6000人以上の人命が失われたほか、いまも仮設住宅暮らしを続けている人もいるなど、大きなツメ跡を残した。

かつて豊臣秀吉が天下を支配していた1596年に「伏見大地震」が発生し、1100人以上もの犠牲者が出ている。にもかかわらず、いつのまにやら、「関西では地震は起きない」といった迷信的なものを人々は信じるようになり、大地震への備えが欠けていたのは否めない。

日本列島周辺まで含めると、その後も大地震は頻発しており、たとえば95年にはサハリンで直下型の大地震が発生し（M7・6）、実に3000人以上の人が亡くなったほか、

99年には台湾でもM7・7の大地震が起こっている。

また、2000年10月には「鳥取県西部地震（M7・3）」が起こったほか、2001年3月～4月にかけても、広島県を震源とした「芸予地震M6・4」（3月24日）や、4月3日には静岡県中部で震度5強を記録する強い地震（M5・1）が相次いで発生した。

とくに静岡中部の地震は、「将来大きな地震発生が避けられない」（地震予知連絡会）と予想されている「東海地震」の震源域で起きたうえ、静岡県で震度5強以上の地震が観測されたのは1935年7月以来、実に66年ぶりというだけに、気がかりな地震とされている。

日本列島に1本の大断層が走り、この大断層が次々と割れようとして、地震が発生していると指摘する学者もいる。本書の監修をお願いした琉球大学理学部教授の木村政昭氏だ。木村教授は、「私は、この1本の大断層を〝日本列島断層〟または〝日本列島大断層〟と呼んでいる。日本列島断層は、巨大な活断層と考えてもらえばいいと思う。阪神・淡路大震災や台湾大地震は、この日本列島断層が割れたもので、〝次の大地震〟がやってくるのは必然だった。芸与地震もその流れで発生したと見ていいだろう」と述べている。

一方、火山活動も世界各地で活発化してきている。やはり、90年代以降の主なものだけでもあげてみると、フィリピンのピナツボ火山（91年6月）をはじめ、93年以降にカムチャッカ半島（ロシア）のいくつかの火山が相次いで噴火した。その中には50年ぶりに大噴

◆フィリピン海プレートに押される地域で地震活動が活発化◆

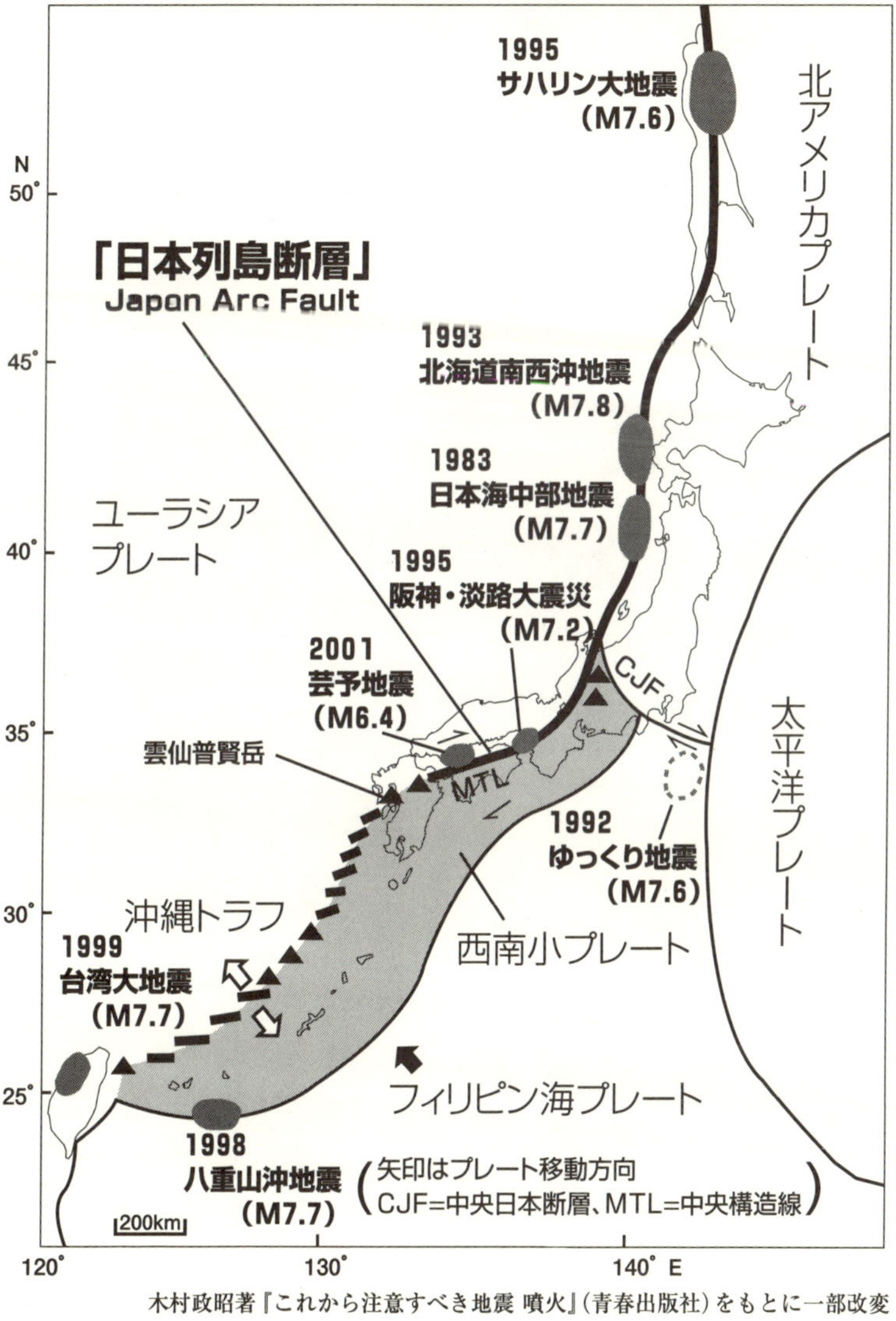

木村政昭著『これから注意すべき地震 噴火』(青春出版社)をもとに一部改変

激しく噴煙を噴き上げる有珠山（2000年3月）

三宅島の噴火で現在も島民の避難生活が続く（2000年8月撮影）

火したものも含まれている。

そして91年には、長崎の雲仙普賢岳が有史以来といわれるほどの大噴火を起こした。火砕流や土石流によって大きな被害が出たことは、われわれの記憶にも新しいところだ。

さらに2000年には北海道の有珠山が3月に噴火し、7月には三宅島も噴火、いまだに住民は避難生活を続けているが、そのほかにも噴火に向けて警戒すべき火山はいくつかある。

2001年4月16日には、福島県の磐梯山でも火山性地震が54回観測された。噴火の前兆現象として注目される火山性微動や、山肌からの噴気は確認されていないが、福島管区気象台では注意を呼びかけている。

そして、実はこうしたいくつかの要注意とされる火山活動の中に、ほかならぬ富士山の火山活動も含まれているといっていいのだ。

●富士山はかならず噴火する活火山

唐突だが、サッカーボールを思い浮かべてほしい。ボールの表面が五角形や六角形の皮を張り合せて作られていることに気づかれるだろう。

地球の表面もこれと同じように、大小さまざまな形のプレートと呼ばれる岩石の板で覆われている。このプレートは年に数センチずつ動いている。その動きが地震や火山活動を引き起こしているのである。

それを証明するのが火山の位置だ。世界の火山の主な位置を調べてみると、プレートの境界付近には火山が密集している。富士山も同様にプレートの境界付近にそびえ立っているのだ。

日本列島は、ユーラシアプレートという大陸プレート上にある。富士山の位置するあたりは、太平洋の海底をつくる太平洋プレートと、フィリピン海プレートというほかの二つのプレートと、このユーラシアプレートとが接しており、プレート同士が複雑に押し合っているため、ストレスも集中しやすく、地震の影響を受けやすい場所である。

また、これらのプレートが接触するあたりでは、大量のマグマが発生しており、これが徐々に上昇して地表に達し、火山弧《かざんこ》という火山の連なりを形成している。なお、火山弧は、以前は火山帯とも呼ばれたが、最近は使わなくなっている。

この火山弧は北海道、東北地方を通り、浅間山付近から南に折れ、八ヶ岳—富士山—伊豆半島に達し、さらに伊豆七島—硫黄島火山列へと続いている。静岡県と山梨県の県境に位置する富士山は、この火山弧上にできた日本最大級の火山（標高3776メートル）であり、正式には富士火山といわれる。

火山には、大きく分けて単成火山と複成火山とがある。単成火山というのは火道と呼ば

◆日本の86活火山分布図◆

1 知床硫黄山
2 羅臼岳
3 摩周
4 アトサヌプリ
5 雌阿寒岳
6 丸山
7 大雪山
8 十勝岳
9 樽前山
10 恵庭岳
11 倶多楽
12 有珠山
13 北海道駒ヶ岳
14 恵山
15 渡島大島
16 恐山
17 岩木山
18 八甲田山
19 十和田
20 秋田焼山
21 八幡平
22 岩手山
23 秋田駒ヶ岳
24 鳥海山
25 栗駒山
26 鳴子
27 蔵王山
28 吾妻山
29 安達太良山
30 磐梯山
31 燧ヶ岳
32 那須岳
33 日光白根山
34 赤城山
35 榛名山
36 草津白根山
37 浅間山
38 新潟焼山
39 妙高山
40 弥陀ヶ原
41 焼岳
42 乗鞍岳
43 御嶽山
44 白山
45 富士山
46 箱根山
47 伊豆東部火山群
48 伊豆大島
49 新島
50 神津島
51 三宅島
52 八丈島
53 青ヶ島
54 ベヨネース列岩
55 須美寿島
56 伊豆鳥島
57 西之島
58 海徳海山
59 噴火浅根
60 硫黄島
61 北福徳堆
62 福徳岡ノ場
63 南硫黄島南東沖海底火山
64 鶴見岳
65 九重山
66 阿蘇山
67 雲仙岳
68 霧島山
69 桜　島
70 開聞岳
71 薩摩硫黄島
72 口永良部島
73 中之島
74 諏訪之瀬島
75 硫黄鳥島
76 西表島北北東海底火山
77 茂世路岳
78 散布島
79 指臼山
80 小田萌山
81 択捉焼山
82 択捉阿登佐岳
83 ベルタルベ山
84 爺爺岳
85 羅臼山
86 泊　山

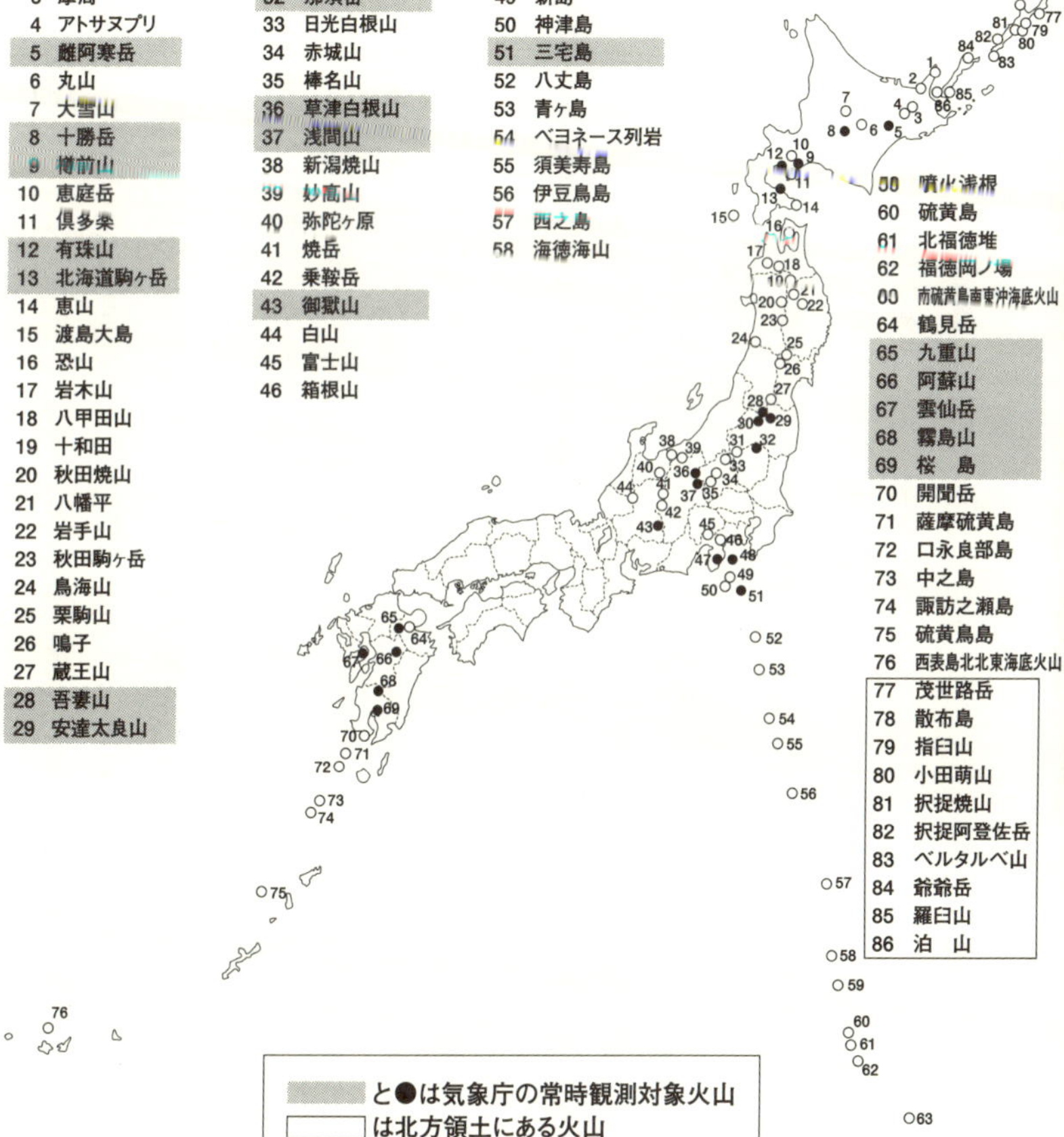

（網掛け）と●は気象庁の常時観測対象火山
（枠囲み）は北方領土にある火山

「富士山火山防災ハンドブック」より

れるマグマの通り道を1回だけ使用して噴火し、小型の火山体を形成する火山であるが、もうひとつの複成火山は同じ火道を何回も使用して噴火し、大型の火山体を成長させる火山である。富士山は、山体が美しい円錐形をしている成層火山と呼ばれるタイプの複成火山に分類されている。

日本では過去2000年間に噴火した証拠がある火山と、噴火の証拠はないものの、噴気活動が活発な火山が「活火山」として定義されている。以前はこのほかに、「休火山」「死火山」という分類がされていたが、現在では活火山と死火山のみに分類されており、日本全国では現在、86の活火山が気象庁によって認定されており、富士山もそのひとつである。

富士山は、小御岳《こみたけ》火山という古い火山を覆う形で、いまから10万年ほど前に誕生したと考えられている。その後、約8万年前に小御岳火山の南側から古富士火山が噴火し、さらに約1万年ぐらい前から、小御岳火山と古富士火山の二つを覆う噴火が起きて、現在の高さと形（新富士火山）になった。

富士火山はその形成の過程で、溶岩流、降下火砕物（火山灰やスコリア・軽石など）を何百枚と重ねて大きくなったとされ、山腹に流下した溶岩流は、水系を堰《せ》き止めて山中湖、河口湖、本栖《もとす》湖、西湖、精進湖の富士五湖を形成した。

また、富士山の火山としての特徴は玄武岩質の火山だという点だ。日本の火山のほとん

◆富士山の断面図◆

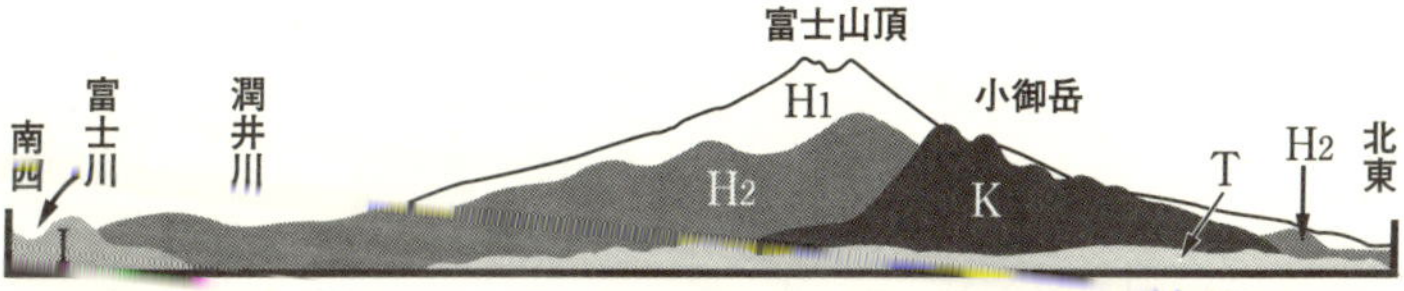

H_1:富士山　H_2:古富士火山　K:小御岳火山　T:第三紀層　I:岩淵火山群噴出物

(津屋による:諏訪,1992)
この図は「火山災害の研究」を参考に作成

どは安山岩質でできており、マグマの粘性が強く、釜を伏せたような形になるのに対し、富士山は玄武岩質のため、現在のような均整のとれた円錐形になったわけだ。

●富士山の下にある巨大マグマ

前項で説明したように、富士山はプレート同士がせめぎ合う複雑な場所に位置している。これは、それだけストレスを受けやすい場所にあることを意味している。

とくにフィリピン海プレートの北西側に接しているため、このプレートに押される形で富士山は影響を受けやすく、それが噴火に結びつきやすいと説く学者もいる。

また、やはりフィリピン海プレートに押される位置にあり、かつ富士山よりも西側にある御岳山、焼岳、白山といった火山でも、近年火山活動が活発化してきている。

このうち、御岳山は1979年に噴火し、84年にもその麓《ふもと》でM6・9の地震が発生。それによる土石流のために多数の犠牲者が出た。焼岳や白山も活動期に入っているとの指摘がある。

さらに、現在は沈静化の方向にあるようだが、2000年秋以降、富士山山頂北東側でマグマの活動と関係があるとされる「低周波地震」の観測数がこれまでに見られないほど、急増したという事実もある。

つまり、フィリピン海プレートの影響を同じように受けるほかの火山活動が活発化している事実、富士山自体で低周波地震が急増し、マグマの活動になんらかの変化が生じてきている事実、この二つの事実が、少なくとも富士山が噴火に向かって活動しているのではないかと見られる理由だ。

富士山周辺の御岳山や焼岳といった、いままでほとんど活動の見られなかった火山が活動を始めたことは、「富士山周辺の地殻内に歪みが蓄積されているため」と、木村政昭教授は分析しており、「もし、富士山の下にマグマがたまっていれば、噴火させるエネルギーがたまっているだろうと推定される」としている（『噴火と地震』徳間書店刊）。

●低周波地震の異常な頻度数

噴火の前兆現象のひとつといわれるのが、低周波地震である。この地震はふつうの微小地震と異なり、1秒間に2、3回のゆっくりとした揺れが数分～30分ほど続く微小地震で、ほとんどの場合、人体には感じないものだ。

1986年の伊豆大島噴火では、1年以上前に低周波地震が観測されたほか、20世紀最大級の噴火といわれ、1991年に起きたフィリピンのピナツボ火山の噴火の際にも、最大の噴火が起こる1～2週間前に低周波地震が活発化していた。

また、1998年に岩手県雫石《しずくいし》付近を震央とする岩手県内陸北部地震（M6・1）も、岩手山周辺の低周波地震活動が活発化しているなかで発生するなど、火山や地震活動と関係があるのは間違いないと見ていいだろう。研究者の多くは、マグマや地下水などの流体が関わって振動を起こしているのではないかと考えているが、詳しい発生原因は、まだわかっていない。

富士山では、1980年から低周波地震の観測が行なわれている。それまでは1年間に10～20回程度だった低周波地震の発生回数が、2000年9月以降に急増してきており、気象庁の発表では、同年11月には222回とピークに達したほか、12月も144回観測されている。1日当たりの発生回数を見ても、同年10月30日は47回、11月16日は44回、12月18日は53回も観測されており、9月以前よりは多い状態が続いたという。

1995年ごろから富士山の微小地震の観測網の整備が進んだため、低周波地震の観測数も増加してきていた。2000年後半の増加は、「明らかに実際の発生数が増加したため」と、富士山の低周波地震観測を行なっている防災科学技術研究所の鵜川元雄・固体地球研究部門総括主任研究員は、複数の取材で述べている。

多発した低周波地震の震源は、富士山の山頂北東側の、深さ10〜15キロメートル付近に集中しており、この付近には地下水もないため、マグマがなんらかの要因でゆっくりと動いているとの見方が強い。鵜川総括主任研究員も、「深部にあるマグマ溜まりの活動が活発になったと見ることができる」といっている。

こうしたなかで、文部科学省は、2001年から、人工地震やボーリング調査で、富士山の地下構造を調べることを決定した。山腹をボーリングし、火山灰などの堆積状況を調べ、過去の噴火の規模や周期を探る。あるいは、ダイナマイトで人工地震を引き起こし、地震の伝わり方などで、マグマの位置や規模を詳しく調査しようとするものだ。その調査結果が待たれるところである。

気象庁では、マグマが上昇してきていることを明らかに示す群発地震活動や、火山性微動の発生、さらには異常な地殻変動なども観測されていないとして、緊迫な状況ではない

◆富士山の低周波地震分布図◆

2000年8月〜2001年3月

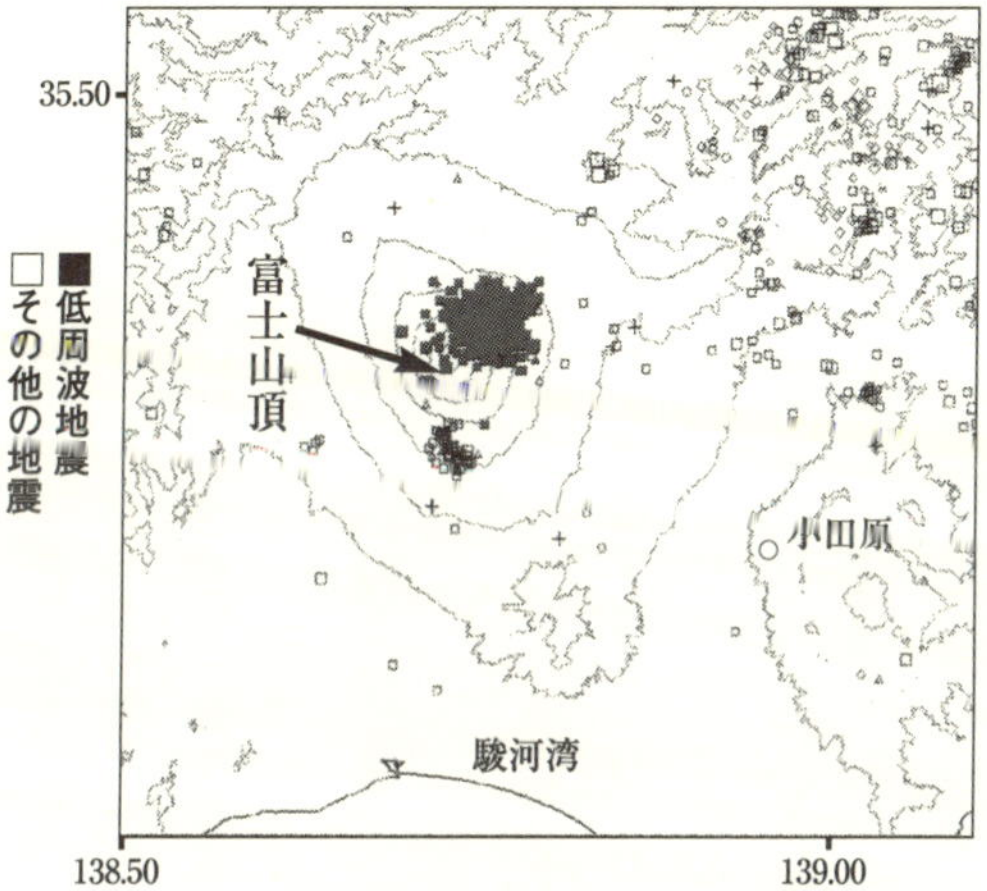

（防災科学技術研究所の資料）より

◆富士山の低周波地震の月別回数◆

（気象庁調べ）

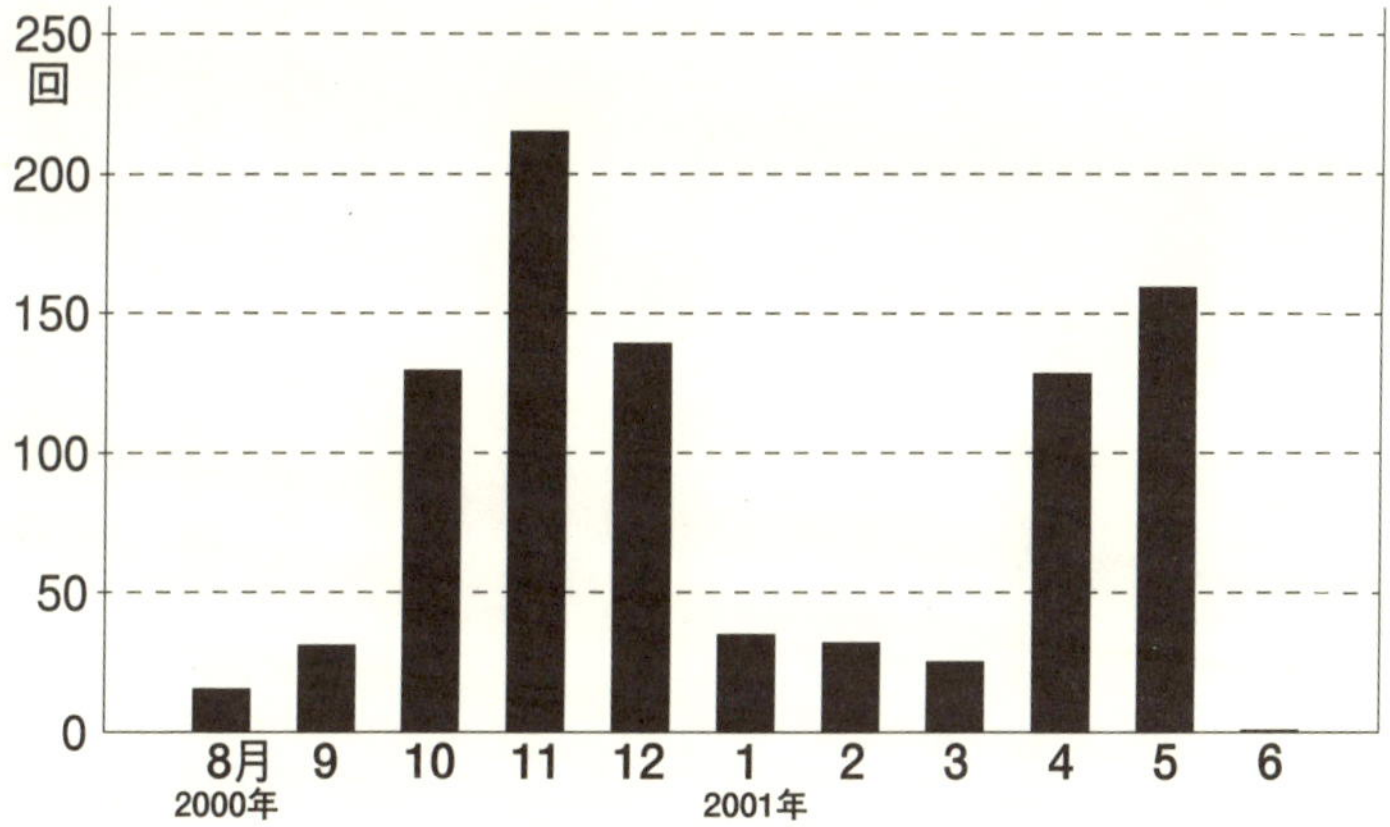

としている。しかし、低周波地震は２００１年４月～５月にかけても急増するなど、しだいに活発化するようにも思える。

鵜川総括主任研究員は、「長期的に見れば、富士山のマグマ溜まりは、今回のような活動の揺らぎを繰り返しながら、次の噴火へのエネルギーを蓄積しているのだろう」と、富士山が噴火に向けて活動している可能性を認めている。

●富士山の火山活動はP3の段階にある

富士山の噴火問題に関しては、火山噴火予知連絡会をはじめ、火山学者、研究機関などはおしなべて口が固く、明快な回答は得られない。

つねに「すぐに噴火するという段階ではない」といったいい回しに終始している。

もちろん、慎重さは大切だが、「あれもわからない」「これもわからない」では、かえって国民は不安になるというものだ。少なくともどの段階にあるのかという予測だけでも示すべきで、そのうえで議論すればよいことだ。

このように、火山学者や地震学者が、慎重な発言や姿勢を崩そうとしないなかにあって、富士山の火山活動が現在どの段階にあるのかを明らかにしているのが、琉球大学理学部教授の木村政昭氏である。

◆火山活動の3段階（P1、P2、P3）と大地震の関係◆

1 P1

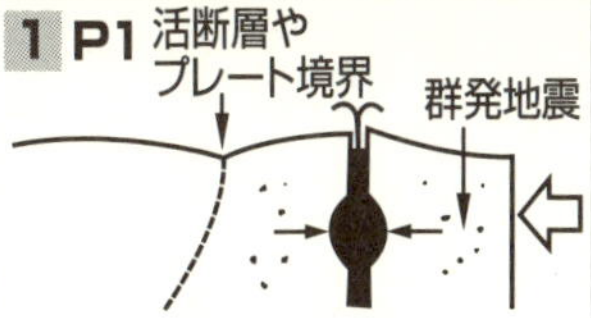

圧縮応力がかかってくると、火山体周辺の地殻にひび割れができて群発地震が発生。これがP1。このときマグマ頭位が上昇しはじめ、しばしば小噴火をともなう。

2

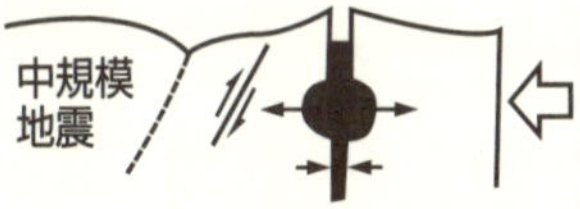

さらに押されると、中破壊が起きて、ひずみが一時解放される。そのため、群発地震活動もなくなり、マグマ上昇も止まる（P1とP2の間）。

3 P2

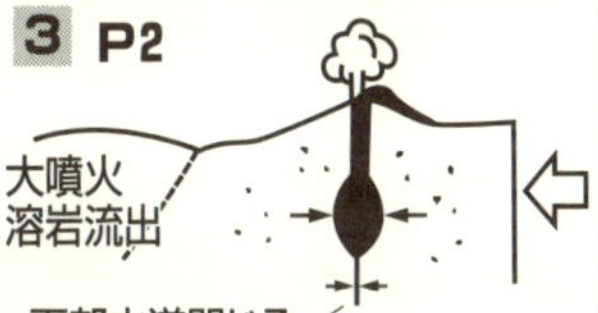

さらに押されると、地震が群発し、やがて火口からマグマがあふれ出し大噴火となる（P2）。

4

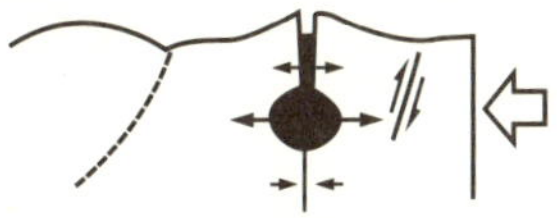

やがて、付近で中地震が発生し、噴火・地震活動が一時止む（P2とP3の間）。

5 P3

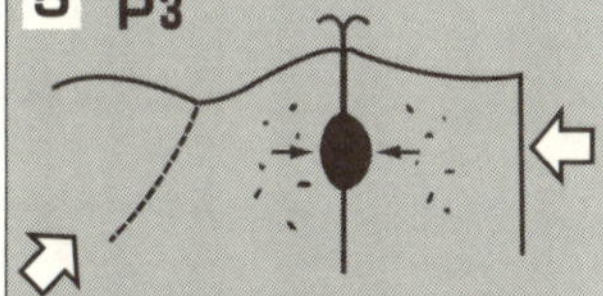

さらに押されるとまた周辺の地殻に微小な割れ目が生じ、群発地震が発生してP3期に入る。このとき噴火活動がともないやすい。

6

さらに押されると付近の大断層が動いて、巨大地震の発生となる。そして、ひずみを解放し、これ以後比較的長い休止期に入る。

木村政昭著『これから注意すべき地震 噴火』（青春出版社）を参考に一部改変

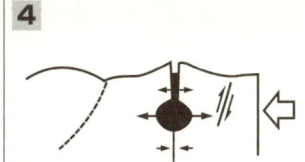

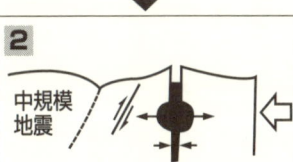

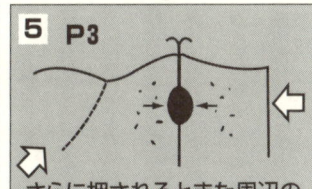

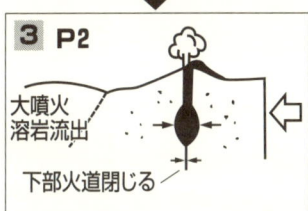

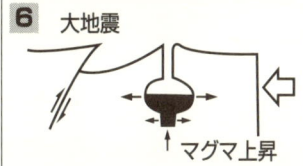

木村氏は著書『これから注意すべき地震 噴火』（青春出版社刊）の中で、１９００年に入り、富士山はいつ活動期に入ってもよいことを指摘している。その第一の目印となるのが、１８９１年の濃尾地震（M８・０）、１９２３年の関東地震（M７・９）、１９４４年の東南海地震（M７・９）、１９４６年の南海地震（M８・０）と巨大地震が発生し、ひき続き焼岳、白山、御岳山など、富士山の活動期に合わせたように噴火してきながらも、ここ２００年来噴火したことのなかった火山の噴火が始まったことである。次に、通常地震活動が富士山を取りかこむように活発化していて、一種のドーナツ現象が起きていること。第三は、その地震活動が現在P3（31ページの図参照）を示しているということである。

木村氏は火山活動の段階をP1～P3までに分けている。P1は、まだ噴火の段階ではなく、その火山の周囲の10～20キロメートルのところで小地震が繰り返される段階で、これは火山の地下にある、マグマ溜まりと呼ばれる部分にマグマが溜まるにつれて、周囲の大地が押されることにより起こるものだという。

P2の段階になると、火山のごく近くでも地震が起きたり、火山が噴火したり、溶岩が流出したりする。さらに大噴火するのもこの段階に含まれるという。しかし、マグマが十分たまっていなければ噴火は次のP2の時期に見送られることになる。火山噴火だけを問題視するなら、このP2の段階までが緊張期間ということになるが、富士山の場合は、それをすぎてその次のP3に入っているというのだ。実は、今回のP2にはマグマが十分たまっていなかったらしい。しかし、P3が終わる段階が安心できないというのが、木村氏の説である。

というのも、現在がP3であるとすると、いますぐに富士山の大噴火があるということはないが、そのころから周囲では再び、大地震が起こりはじめ、それが過ぎたころに、富士山は今度は本格的な活動期をむかえる可能性があるというのだ。

つまり、すでにP2を過ぎ、P3の段階に入っているのではないかというのが木村説だ。ほかの火山に当てはめた場合、すでに噴火時期に入っていてもおかしくない段階である。にもかかわらず、噴火が始まっていないのは、富士山のマグマ溜まりが、ほかの火山のそれに比べてかなり大きいため、マグマが溜まるのに時間がかかっているのではないかというのだ。

その一方で富士山周辺の年間地震回数の増加は、明らかにマグマが溜まってきていることの兆候であるとの見方を木村氏は示している。マグマが充満してきているとの見方については、低周波地震の項でも記したように、ほかの火山学者や地震学者とも一致している。少なくとも、噴火に向けた活動が進んでいる段階だということだけはいえるだろう。

●事前の避難で有珠山噴火は被害者がゼロ

富士山の噴火問題を考える前に、90年代以降に日本で噴火した火山として印象深いのが、長崎の雲仙普賢岳と北海道の有珠山だ。

まず、雲仙普賢岳は1989年から火山周辺で微少な地震が起こるようになり、90年11月半ばには、地獄跡火口と九十九島火口から水蒸気爆発が起こった。この活動は数日で沈静化したものの、翌91年2月にマグマ水蒸気爆発が発生し、4月からは断続的に噴煙を上げるようになった。

さらに同年5月20日には山頂部に溶岩ドームが出現し、それが成長を続けて、普賢岳の火口縁を乗り越えて東側へ崩落を始めた。5月24日には初めて火砕流が発生し、6月3日には成長した溶岩ドームが大きく崩壊して麓の上木場地区まで到達した。この火砕流で、火山学者や報道陣、さらには地元消防団員を含む43人が亡くなるという大惨事になった。その後も火砕流や土石流が頻繁に発生したため、下流域の島原市と深江町では、警戒区域が設定されて多くの人々が自宅から避難し、仮設住宅などでの生活を余儀なくされた。

噴火にともなう降灰は、島原半島から熊本県側まで到達したほか、山体周辺で火山灰や火砕流堆積物が堆積すると、比較的少量の降雨でも土石流が発生し、下流域にも被害をおよぼした。

現在、火山活動は沈静化しつつあるが、2001年2月5日に行なわれた「第88回火山噴火予知連絡会」の報道会見資料によると、「今年1月18日から20日にかけて雲仙岳の西約5キロメートルを震源とする地震が多発した」と記されており、ストレスはまだ残っているとの見方も強い。

一方、北海道の有珠山は2000年3月31日に23年ぶりに噴火した。その2日前には、気象庁が通常の「臨時火山情報」より警告度の高い「緊急火山情報」を出していたこともあって、噴火前に住民の避難が完了していた。これはGPS（全地球測位システム）により、「大地の移動や隆起を測定していて、小さな異変を把握できたためだ」と国土地理院などでは説明している。

3月31日の噴火は噴煙が3200メートルにも達するもので、その後も再噴火が相次いだ。4月上旬には洞爺湖温泉街を泥流が襲ったものの、4月12日には「大噴火の可能性は薄らいだ」との見解が表明された。5月22日には、「噴火は終息に向かう」との統一見解も発表された。さらに8月下旬には、すべての避難所が姿を消している。

2001年2月5日の火山噴火予知連の報道発表によると、「地震回数は1日数回以下で推移し、ほぼ噴火前の活動レベルに戻ってきている」として、火山活動が低下しつつあるとしながらも、「ごく小規模な水蒸気爆発が継続している」と、今後も注意深く監視すべきとの見解を示している。

噴火が予知できたのかどうかの評価は意見が分かれるところだが、少なくとも噴火前に住民を避難させることができ、被害者を出さなかったことは大きく評価していいだろう。

●富士山噴火の活動期は300年休むとはじまる⁉

富士山は過去に何度か噴火をしているが、記録上最も古い噴火は781年の噴火で、奈良時代の資料である『続日本紀』の中にも火山灰が降り、木々が枯れたことなどが記されている。

西暦1000年ころまでは頻繁に噴火を起こしているが、だいたい300年の周期で噴火活動を繰り返しているのではないかとの説もある。

もちろん、一定の周期で噴火が起きることを疑問視する声もある。「どういう規模の噴火が起きるかもわかっていない現状では、何年周期で噴火が起きるということを論じるのはナンセンスだ」と指摘する火山研究者もいる。

だが富士山は、ある一定期間噴火を繰り返すと、その後同じ程度の期間休み、その後また一定期間の活動期に入るという特徴があるのだ。

具体的に有史以降の例で見ると、最初は781〜1083年の約300年間、その前の噴煙の見え始めを入れるとほぼ400年間の活動期があった。その後ほぼ400年間休んでいる。また、1435年の炎は噴火かどうか定かではないとの見方もある。そして、次に、1511〜1707年のおよそ200年間活動し、その後300年近く休んでいるのだ。

◆富士山の噴火履歴◆

西暦年代	活動の種類	古記録の記載事項（抜粋）
781年	噴火	山麓に降灰し、木の葉が枯れた（続日本紀）
800～802年	延暦《えんりゃく》噴火	砕石が足柄路を塞いだので箱根路を開いた（日本紀略）
864～866年	貞観《じょうがん》噴火	溶岩流が本栖湖と剗《せ》の海に流れ込んだ（日本三代実録）
937年	噴火	溶岩流が未知の湖を埋めた（日本紀略など）
999年	噴火	噴火（本朝世紀）
1020年	噴気と火映現象	山頂から煙が立ちのぼり、夜には炎が見えた（更級日記）
1033年	噴火	溶岩流が山麓に達した（日本紀略）
1083年	噴火	爆発的な噴火（扶桑略記など）
1435年	噴火	富士山に炎が見えた（王代記）
1511年	噴火	河口湖付近で異様な鳴動が聞こえ、鎌岩が燃えた（妙法寺記）
1704年	鳴動	元禄関東地震の35日後から4日間にわたって富士山が鳴った（太泉寺文書）
1707年	宝永《ほうえい》噴火	宝永東海地震の49日後から2週間にわたって爆発的な噴火が生じた（史料多数）

「富士山火山防災ハンドブック」より

この説に当てはめると、1707年から300年経過した現在は、富士山が噴火に近づいている時期といえるし、最近の低周波地震の発生なども、そのことを証明していると見ていいだろう。むしろ、「300年もの間、なんの活動もないほうがおかしい」（前出・木村政昭教授）として、すでに富士山が噴火に向けた活動期に入っているとの見方も出ている。

こうしたことを踏まえて結論をいえば、何年周期で起こるかはともかくとして、富士山は決して「死火山」ではないということだ。

現在では富士山は活火山と位置づけられ、気象庁も「活火山である以上、かならずいつかは噴火する。事前の準備をして、何が起こりうるのか想定しておく必要がある」との見解を出している。

●過去最大級の「宝永の大噴火」

富士山の噴火記録は確かな記録に残っているものだけでも10回を数えるが、そのうち最も新しい噴火は、「宝永の大噴火」（1707年）で「過去8000年間で最大級」（ある火山学者）だといわれる。

作家の新田次郎氏（故人）がかつて、『怒る富士』（文藝春秋刊）という作品で題材としてとりあげたこともあるこの噴火は、1707年12月16日に起きているが、実はその直前の同年10月に、駿河湾から南海地域あたりを震源とする「宝永東海地震」（M8・4）が発生しており、その影響を強く受けて起きたものだとされている。地震から36日後には富士山麓で鳴動が聞こえ、49日後の12月16日に噴火が起きているためだ。

その後、12月31日まで半月にわたって続き、山麓にあった50以上の集落がまともに影響を受けたといわれる。噴火地点に最も近かった須走村《すばしり》（現・駿東郡《すんとう》小山町須走）では、全村75戸のうち37戸が焼失し、残りの38戸もすべて倒壊する惨事だったという。

さらに、現在の御殿場市や小山町の一部となっている富士山東麓の集落でも、焼けた砂が家や田畑を覆い、その厚さは1～2メートルにも達したため、農作物が大打撃を受け、村人は飢えに直面し、多数の餓死者が出たとの記録が残っている。

また、この焼け砂が、その後の雨で東麓一帯の河川に流入し、酒匂川《さかわがわ》（神奈川県）の本流に集まって下流へと運ばれ、川底に堆積したため川底が浅くなった。噴火の翌年の8月にこの付近を集中豪雨が襲い、酒匂川の堤防が決壊し、足柄平野一帯が水浸しとなってしまった。足柄平野は当時の小田原藩の重要な穀倉地帯でもあったため、同藩にとっては大きな痛手となった。いわば、噴火による二次災害だ。

しかも、「宝永の大噴火」では、約100キロメートル離れた江戸でも、噴火開始後10日間にわたって火山灰や砂が断続的に降り、12月19日には、栗粒ぐらいの大きさの火山れきまで降ったという記録が残っている。現在の千葉県銚子市沖や茨城県鹿島灘でも、噴出した降下火砕物が降ったというから、いかに凄まじい噴火であったかが想像できる。

現在、富士山を静岡県側から見上げると、山の右側に大きな窪みがあるが、これが宝永噴火のときにできた「宝永火口」である。また、そのすぐ脇の盛り上がった小山が「宝永山」であり、これもこの噴火によって作られた地形である。

●富士山の噴火はなぜ深刻なのか

富士山の山頂北東部周辺の地下15キロメートル付近で、2000年9月以降に低周波地震を発生させているマグマ溜まりは、現在の富士山を作り出した強力なエネルギーを持っている。

科学評論家の斎藤守弘氏によれば、「300年の長い休眠の後なので、そのマグマ溜まりには激烈な爆発型の噴火を引き起こす玄武岩質が変質した安山岩質マグマが大量に生成されているはず」(「週刊プレイボーイ」2001年2月20日号)という。

前回の「宝永の大噴火」では、これと同じマグマが南東斜面から爆発し、8億5000万立方メートルの噴出物を関東一円にまき散らし、大きな被害をもたらした。

火山学が専門の早川由紀夫・群馬大学教育学部助教授の試算によると、2000年7月の三宅島大噴火では、同島の陥没量は同年8月末時点で、6億3000万立方メートル、火山灰などの噴出量は800万立方メートルだった（前出・「週刊プレイボーイ」の記事による）というから、それと比較しても、いかに「宝永の大噴火」の噴出物の量が凄まじいものであったかがわかる。つまり、直接的な被害として、こうした火山からの噴出物の量が、「ほかの火山と比べて圧倒的に多い」（気象庁地震火山部火山課補佐官の山里平氏）というのが、深刻な問題といえる。

「損害保険料率算定会」が97年にまとめた「火山災害の研究」は、もっと具体的にいくつかの被害を想定している。たとえば、「宝永の大噴火」のような大爆発になれば、富士山山麓では火傷などの人的被害、家屋・森林の火災といった被害はもちろんのこと、道路・鉄道の遮断、商業・観光施設への経済的な打撃、火山灰による航空機運行や工業機械への被害、そして水資源であるダムへの被害など、多岐広範囲にわたることを予測している。

また、土石流や泥流による農作物への影響も忘れてはならない。事実、「宝永の大噴火」では、こうしたことが年貢米の出来にも大きく影響したことが歴史に残っている。「宝永の大噴火」ほどの大噴火ではないとしても、溶岩や火砕流による被害は近隣地域では避けられないだろう。

これらは直接的な被害だけではなく、それとは別にさまざまな間接的な被害が発生する可能性が高い。このことについては後述するが、噴火によって新幹線や高速道路などの交通網が分断するなどの影響を受けることは避けられない。すると、生鮮食料品などが首都圏に届かなくなるといった事態も考えられる。その結果、モノ不足→物価高騰といった事態につながる可能性が高い。モノ不足が市民の間にパニックを引き起こす可能性も否定できないのである。

少なくとも「宝永の大噴火」と同規模の噴火が起こったとして、こうした想像以上の影響が直接的、間接的に起こりうるわけで、そう考えても富士山の噴火がいちばん深刻だといわれる理由はおのずとわかるというものだ。

2章

連動するか、富士山噴火と東海大地震

――噴火・大地震の予測はどこまで可能か

●富士山噴火と災害の予測シナリオの存在

火山噴火のシナリオは、火山によって異なるため、「一概にこうだとは予測できない」と火山噴火予知連では説明する。そこでここではまず、火山の一般的な噴火の流れを紹介することにしたい。大まかにいうと次のような流れとなる。

❶地球の深い部分でマグマが発生し、それが上昇してマグマ溜まりを形成する。
❷マグマ溜まりの圧力のため、山体は膨張し、地表では土地の隆起などが現われる。
❸マグマ溜まりの圧力が臨界に達すると、マグマが山頂や山腹を突き破って噴出する。
これが噴火の始まりである。
❹噴火が進行するにしたがって、地下のマグマ溜まりはしだいに小さくなり、やがて噴火が終了する。山体は収縮し、土地の隆起現象も弱まっていく。

では、富士山ではどのようなシナリオで噴火が起こるかだが、火山噴火予知連では「現状では予測は難しい」とお決まりの答えを繰り返すのみで、なんとも頼りないかぎりだ。ただ、「東海地震が発生すれば富士山噴火にもつながるのではないか」と指摘する声は、地震学者や火山学者からも出ている。1章でも紹介したように「宝永の大噴火」では、直前にM8・4の宝永東海地震が発生し、これに刺激される形で噴火が起こったことを複数の学者が指摘している。

また、噴火のパターンとしても、①山頂火口、②「宝永の大噴火」と同様の南東側、③北西側――の三つが研究者らの間で想定されている。2000年秋以降続いた「低周波地震」が山頂北側に集中したため、「そのあたりから噴火するのではないか」という見方に対して、火山噴火予知連では「そうとはいい切れない」と反論している。

これに対して琉球大学の木村政昭教授は、①過去の噴火は富士火口の北側と南側とで交互に繰り返されていること、②低周波地震や通常の微小地震活動が富士山の北東側で活発であることなどから、富士火口の北東側斜面が破れて噴火することを警戒している。

さらに、興味深い資料がある。それは1章でも触れたが、過去の富士山の噴火記録や学界で公表されたデータなどをもとにして、損害保険料率算定会が1997年にまとめた「火山災害の研究」という報告書だ。その中には、富士山の噴火や災害に関するシナリオが具体的にまとめられている。

このシナリオは雲仙普賢岳や阪神・淡路大震災などの被害状況を参考にしながら、噴火の規模については前回の富士山噴火である「宝永の大噴火」クラスを想定している。ただ、噴火前には、東海地震などの巨大地震は起きていないという条件も定めている。

その中身だが、96年7月14日から火山性微動が観測され、その約4カ月後に「宝永の大噴火」と同じ火口から噴火が始まるといった具体的なシナリオを想定しているため、よりリアルに噴火の一連の流れをイメージすることが可能だ。

火山性微動がしだいに増加し、やがて有感地震、群発地震の活発化へとつながり、噴火当日と想定している11月17日のシナリオは次のように記されている。


「天気は晴れ。4：00　気象庁が国、静岡県、山麓自治体に噴火の危険が高まっていることを連絡」

「6：00　強い地震が発生。震度5程度。建物に被害有り」

「7：30　噴煙を住民が派出所に通報」

「8：00　気象庁が緊急火山情報。宝永火口から噴煙。雷鳴音」

「8：30　気象庁が『平成八年富士山噴火』と命名」


ざっと、こんな具合だが、その後12月16日にも再度噴火し、爆発的な噴火が18日までの3日間続き、大量の降灰も翌97年元旦まで続くと想定している。

さらに火山灰によって、東海道新幹線や東名・中央・首都高速などの高速道路もストップし、航空機のエンジントラブルも発生したため、羽田と成田の両空港の閉鎖が決定されるほか、コンビニでもモノ不足が深刻化し、価格が急騰。円、株、債券がトリプル安を記録する——といったことまで想定しているのだ。

翌年も再噴火し、大規模な火砕流や大量の降灰が発生するほか、土石流の発生も起きることを想定しており、けっきょく噴火活動が最終段階に入るのは、98年春としている。それだけ噴火の規模が大きいことを想定しているわけだ。

●木村教授が懸念する「東海大地震」へのシナリオ

地震予知連絡会では将来、「東海地震」が起こる可能性について「いずれかの時点でかならず起こるし、避けられない」と明言している。しかし、いつ起こるかについては「どういう起こり方をするのかがよくわかっていないし、どこで起きるのかですら、まだなかなか議論がまとまっていない」と、研究者間でも意見が分かれていることを強調する。

地震は、我慢が積み重なってそれが耐え切れなくなったときに、一気にズドーンと破壊が起こる現象だ。100年ぐらいの時間をかけてひずみをためておいて、すべるときには一気にすべるものだ。観測網は以前よりは整備されているが、そういうなかでM8クラスの地震が起こった事例はない。徐々に進行していくようなものであれば予測もしやすいが、こうした状況なので予知できないまま、東海地震が起こってしまう可能性もある。

ただし、前出の木村教授は、その前に房総南方や中央日本の内陸部などの大地震発生を懸念していて、「その後ストレスが富士山の下にかかってきて、富士山の次の回のP2のときに噴火するケースがありうる。そうすれば、次はいよいよ東海地震だ。このときは南海地震との連携プレーということも考えられる。だが、これは今後50年間ほどの時間幅でのシナリオである」という。

「AERA」(朝日新聞社刊)2001年2月19日号でも、「富士山噴火と東海地震 同時勃発の悪夢」といったタイトルでこの問題をとりあげている。その記事の中で火山噴火と地震が同時期に起きるモデルを、富士山の噴火史に詳しい小山真人・静岡大学助教授(当時)の説明を用いて紹介している。

まず、「宝永の大噴火」と同様のケースの場合、「地震の結果で生じた地殻のひずみの変化が、近くの火山下にあるマグマの発泡を促す」形で、地震が噴火を招くという。

逆に、噴火が地震を招くケースは、「地震前に限界近くにまで達していた地殻のひずみが、近くの火山下のマグマを絞り出す」という形で起きるというのだ。

●プレート間地震とプレート内地震

地震には大きく分けて二つのタイプがある。「プレート間地震」と「プレート内地震」

だ。両者の違いを説明する前に、プレートについて簡単に説明しておこう。

プレートとは、地球に張り付いたような硬い岩石の層であり、厚さは100キロ程度、幅は数千キロにもおよぶもので、マントルの対流にのって移動している。地球は十数枚のプレートに覆われていて、日本やそのほかの大陸もその上にのっている。

プレートの境界部分では、プレートの合わせ目がずれたり、一方が他方の下に潜りこんだりするが、このときの振動で起きるのが「プレート間地震」である。

一方、プレート間が押し合ったり、引っ張り合ったりすることにより、各プレートに力が加わり、ひずみが生じて断層がずれることがある。このひずみやずれが、元の状態に戻ろうとするときに発生する振動が「プレート内地震」である。陸域で発生すれば「直下型地震」といわれる。「阪神・淡路大震災」はこのタイプに該当する。

一般的にはプレート間地震のほうが、プレート内地震に比べてエネルギーは巨大なものになるといわれる。

●三宅島の噴火は富士山噴火の前兆か?

2000年6月末、三宅島が大噴火した。前回の噴火は1983年だから、17年ぶりに噴火したことになる。2001年2月5日に行なわれた「第88回火山噴火予知連絡会」後の記者会見で配布された気象庁発表資料には、噴火の現状が記されている。同日時点で、三宅島では、多量の火山ガスを山頂火口から放出する火山活動が続いているとしながらも、2000年10月以降は目立った噴火も起きておらず、火口近辺を除き、降灰もほとんど認められなくなっているという。

また、火山性地震なども減少しているとしているが、その一方で火山ガスに含まれる二酸化硫黄（SO_2）の放出量は、2000年9月以降、1日あたり約2～5万トンという高い数値にあるといい、火山ガスに対する警戒が必要だとしている。

実際、この火山ガスが春の強い風にのって本州各地に届き、岐阜県や福井県、愛知県などではSO_2濃度が環境基準を超え、体調不良を訴える人も出ていることが、2001年4月以降にいくつか報道されるようになった。風向きによっては関東地方上空にも火山ガスが届くこともある。

三宅島の噴火でもうひとつ気になるのは、これが将来の富士山噴火となんらかの関係があるのかどうかということだ。火山噴火予知連では、「直接、関係があるとはいい切れない」とお決まりの回答をしているし、独立行政法人・防災科学技術研究所などの関係機関でも、「富士山のマグマが三宅島の噴火に刺激されることはない」「富士山が噴火する兆候もない」と、人々の不安を打ち消そうと必死な様子だ。

たしかに三宅島噴火や、後述するように伊豆沖で昨年続いた地震が、富士山噴火と関係があるとはいい切れない。しかし、逆に「まったくない」とも断言できないと思わせるデータもいくつかあるのだ。たとえば、前回の三宅島噴火は前述したように、83年10月3日。その後86年11月15日には伊豆大島三原山が噴火し、さらに3年後の89年7月13日には伊東市の沖合で海底火山が噴火し、富士山周辺の火山噴火活動が北上する現象が見られた。また、87年7月〜8月にかけて、富士山直下を震源とした有感地震が、立て続けに4回も発生したことから、気象庁でも、富士山に観測計を設置するなどして警戒するようになったという経緯がある。

また、「宝永の大噴火」の前後の記録を見ると、この噴火の23年前にあたる1684年に「大島三原山」が大噴火しているほか、1712年にも「三宅島大噴火」が起きており、伊豆周辺で火山活動が活発な時期には、富士山でも噴火や地震などが起きているという歴史上の事実がある。

三宅島と富士山との関係を中心に取り上げたが、伊豆大島三原山の動きについても要注意すべきとの指摘はある。

たとえば、木村教授は、「関東を襲う大地震は大島三原山が噴火してから数年〜十数年後にやってきている傾向がある」と指摘している。

実際、1912年の大島三原山噴火の11年後には関東大震災（1923年、M7・9）が発生しているし、1950年の噴火の3年後には房総沖地震（1953年、M7・4）

が起きているという過去の「事例」もある。

以上のことから、直近で大島三原山が噴火した1986年から15年が経過した現在、なんらかの警戒はしておいたほうがよいということになる。木村氏によれば、次に三原山が小噴火を起こせば「南関東に地震がくる可能性はさらに強く、時間の問題になる」と警告し、「いつ小噴火が起きるかが問題」だという。しかしこれについては、「この小噴火は、富士山の低周波地震の増加で示される火山活動の増大が肩代わりしているかもしれない」と懸念している。

また前述したとおり、三宅島にしても大島三原山にしても同じフィリピン海プレート上に位置し、同プレートを含めた4つのプレートがせめぎ合う部分に富士山が位置していることからも、三宅島噴火や大島三原山の噴火が、富士山噴火に結びつかないと切り捨ててしまうのは、いささか拙速な判断ではないかと思える。

もちろん、本書は富士山噴火や大地震発生を煽るのが目的ではない。ただ、可能性のあるあらゆる危機には備えるという意味から、あえて提言しておきたい。

●伊豆沖・東海地震と富士山噴火は連動するのか？

三宅島や大島三原山噴火と富士山噴火の関連性を述べてきたが、では2000年6月の三宅島噴火以降、神津島、新島といった伊豆諸島で活発化した地震と富士山噴火は連動するのだろうか。

神津島や新島では、M6クラスの地震が連続して起こり、地震の発生地点がしだいに本州側へと近づいた。また、2000年秋になると、富士山山頂の地下で、低周波地震の観測回数が急増していったため、「富士山の噴火につながるのでは?」といった不安が街行く人々の間にも広がった。これに対する地震予知連の見解はあとで触れるが同じフィリピン海プレート上での出来事だということだけは、頭にとどめておく必要があるだろう。

そしてもうひとつ、気になる情報がある。富士山噴火につながるのは、三原山などの噴火ではなくて、伊豆諸島の地震が招く東海地震だという説だ。歴史上に残る富士山の最後の噴火は、1707年、江戸時代の「宝永の大噴火」だが、この噴火直前には紀伊半島南沖を震源地とする「宝永大地震」が起こり、それが富士山の噴火を招いたとの見方が有力になっている。それと同様のシナリオが、近い将来起こると予測されている東海地震によって今回は起きるというものだ。

気象庁では、三宅島噴火で上昇したマグマの動き自体は、「三宅島の近海で止まっている」としながらも、「マグマが地底の割れ目を押し広げた影響で、この海域の地殻のバランスが崩れた。一カ所の地殻が壊れると、すぐ隣の地殻にひずみがしわ寄せされ、ドミノ倒しのように地震が続いているとみられる」(「プレジデント」2000年8月14日号)という。

噴火はマグマの活動により起こるが、地震は地殻のひずみを解消するために発生するので、三宅島の火山性地震と違い、「神津島・新島近海の地震は東海地震と密接に関連している」と指摘する地震学者もいる。

これらについて、地震予知連絡会ではどのように見ているのか見解をただしてみた。回答は、三宅島噴火や神津島・新島近海での地震は、「一連のもの」（同予知連のメンバーのひとりである地理地殻活動研究センター地殻変動研究室の村上亮《まこと》室長）と認めるものの、「とくに本州に近づいているという認識ではない」という。

将来の「東海地震」との関係についても、「同じフィリピン海プレートの上で起こっていることであり、注意して見てはいるが、いまの段階では関係ないとも断言できないが、あるともいえない」と言葉を濁すにとどまっている。

2000年夏に伊豆で発生した地震活動は、「東海のみならず、房総のあたりまで地殻変動をおよぼした」と地震予知連では見ている。変動はわずか数ミリで、現在の伊豆の活動そのものは、「非常に小さいものになってはいる」という。

しかし、ここ何十年も観測されなかった規模の地震が、1990年以降に富士山周辺で起きているのも事実だ。

そのひとつが、1990年8月5日に、箱根町付近の地下を震源として発生したM5・

1の地震だ。このクラスの地震が箱根で起きたのは、実に57年ぶりということで、学者や防災関係者たちを中心に緊張感が一気に高まった。

また、前述したように、2001年4月3日の静岡県中部の地震にしても、静岡県で震度5強以上が観測されたのは66年ぶりのこと。

この地震について、地震予知連では、「(東海地震に向かって)徐々に起きつつあるものかもしれないし、あのあたりのひずみの蓄積というのはフィリピン海プレートの沈み込みにともなうものなので、まったく東海地震と関係ないとはいい切れないのは事実。ただ、まだ判断が難しいところだ」と説明する。また、気象庁では、「東海地震の前ぶれの地震ではない」との見解を打ち出している。

東海地震の発生場所についても、「これまでは駿河湾と考えられてきたが、ひょっとするともっと陸側の深いところで起きるかもしれない」と、地震予知連関係者はいう。

そして、2001年6月の中央防災会議(会長・小泉純一郎首相)では、22年ぶりに想定震源域を見直し、新たな想定震源域は西へ移動した(3章99ページの図参照)。

さらに恐ろしいことは、「駿河トラフ(細長い溝状の海底地形で、最深6キロメートルを超えないもの。舟状海盆)とか、南海トラフ沿いに広い範囲で起きて、南海大地震と同時に起こるかもしれない」との可能性を示唆したことだ。その場合、「宝永の大噴火」と似た流れで、富士山噴火につながる可能性は否定できない。

いずれにしても、地震や火山について研究している学者や機関ですら、明確に否定ができない以上、伊豆の地震が富士山噴火に影響しないとはいえないと考えておいたほうがいいだろう。

●南海地震で河道敷上にある建物の36％が全壊！

東海地震と同様に、近い将来起こると予測される南海地震。阪神・淡路大震災をはるかに上回るM８といわれ、２０４０年までには間違いなく起こると指摘されている。

阪神・淡路大震災以上の被害が、関西を襲う可能性はきわめて高く、とくに不安視されているのが、大阪を中心とした関西の地盤が脆弱《ぜいじゃく》という事実だ。

そして、そのなかでもとくに地盤の脆いのが「河道敷」。河道敷とは、古い河川の跡のことで、大阪の平野部は数多くの河道敷が入り組んでいるという。しかも、大阪は６００0年前までは、ほとんどが海底だった。

この河道敷における大震災の被害の拡大は、阪神・淡路大震災でも確認されている。全壊した家屋が集中した地域は、見事に河道敷と一致していたという。河道敷の家屋倒壊率は36％を超えていた。もし、南海地震が起きた場合、神戸地区よりもはるかに河道敷が多い大阪地区の被害が懸念される。

ちなみに、阪神・淡路大震と同規模だった2000年10月の鳥取県西部地震では、地盤が強固だったこともあってか、死者はゼロだった。

●予知できない直下型地震

観測装置には1993年から配置したGPS（全地球測位システム）のほか、気象庁が体積ひずみ計という地殻のひずみを正確にはかる機器を、東海地方にたくさん配置している。また、地震計も東海地方には多く配置している。

こうしたことを踏まえ、地震予知連でも「以前よりは（地震活動が）綿密にわかるようになっている」と主張するが、具体的に「直下型地震は予知できるのか？」といった質問をしてみると、「いやあ、これは難しいところで……」と、途端に歯切れが悪くなる。

結論からいえば、現在のところ、直下型地震の直前予知はできないと考えておいたほうがいいだろう。予知連関係者や学者諸氏は、「決めつけないでもらいたい」と怒るかもしれないが、はっきりと予知できるといえない段階である以上、予知は難しいと認識すべきだ。

後述するが、地震前に発生する地電流変化や電磁波や大気中のイオンの濃度測定なども含めれば、「予知」できる可能性があるという指摘もあるが、少なくともいま現在、国が中心となって進めている「予知」の研究だけでは、限界があるとみておいたほうがいいだろう。

実際、阪神・淡路大震災は活断層による直下型地震だったが、予知は不可能だった。

海底のプレートがゆっくりと動き、少しずつ日本列島の下に潜り込む。その力が積もりに積もって、日本列島を形成している地殻にストレスがかかり、ある日突然、活断層を大きく崩してしまうのが、直下型地震である。

プレートが移動することによるしわ寄せを活断層が受けるわけだが、どの活断層がずれるかは、動いたあとでないとわからないというほど、難しいものなのだ。

これに対し、プレートに隣接する地殻が反発して起こるプレート型地震は、継続的な調査を行なうことで予知の精度も上がってきているという。東海地震がこのパターンで発生すれば、「予知は可能」という声もあるようだが、前述したように「予知」そのものについて地震予知連関係者が断言していないので、決して楽観できるものではないだろう。

●火山噴火予知連の報告から目が離せない

火山噴火予知連絡会は、気象庁の私的諮問機関として1974年6月に発足し、現在の会長は井田喜明・東大地震研究所教授が務めている。

その予知連が2001年2月5日に開催した定例会後の記者会見で、富士山の噴火予測や、防災に向けたワーキンググループの設置を検討することを明らかにしたため、「いよいよ、富士山噴火が近いのか」といった声や雑誌記事が急激に増加した。

予知連では、「ただちに噴火につながる状況ではない」と、騒ぎの沈静化を図ろうときわめて冷静な釈明を繰り返しているが、マグマの活動に関係あるとされる低周波地震が、2000年秋から急増したこともあり、「まったく何も対応しないのはまずいという声が予知連メンバーの中から出たのは間違いない」（事情通）といわれる。

前述の2月5日に開かれた予知連の定例会後の記者会見で、マスコミに配布された資料には、東北地方の磐梯山や岩手山の火山活動を「注意する必要がある」とは記しているものの、富士山についてはとくに大きなスペースもとっておらず、気になる低周波地震についても、2001年1月以降は減少の傾向にあるとしていた。

しかし、低周波地震の観測数が2000年秋以降、「従来と比べて急激に増えた」（予知連関係者）ことから、前述のようなワーキンググループの設置なども議題になったのだろう。

低周波地震については1章でも触れたので、ここでは詳しく触れないが、気象庁の観測によれば、富士山で低周波地震が起きている震源は山頂北東の深さ10〜15キロメートル付近。2000年9月以降、急激に増え始め、10月には133回、11月には222回、12月には144回を観測。2001年1月に入ってからはやや減少したものの、1月24日までに40回発生している。その後、一時減っていたが、2001年4月〜5月にかけて再び、増加したことが、同年5月28日開催の火山噴火予知連で報告されている。

今回の活動以前の状況を振り返ってみると、「山頂の測候所に地震計を置いた1987年以降、多いときでも月に10回前後だった」(「朝日新聞」2001年1月26日付報道より)というから、明らかに異常な増え方である。

このことから、予知連では「富士山ワーキンググループ」を設置。2001年7月4日には初会合が開かれ、今後、噴火シナリオを作成するために行なう作業の方向を定めた。

これらの動きに合わせ、富士山の観測強化のため国土地理院は、地殻変動を監視するGPS(全地球測位システム)を新たに富士吉田市に一カ所増設して、7月5日から稼動させた。

●自治体が想定する東海大地震の死者5851人

富士山噴火や東海地震によって、周辺自治体や首都圏にどのような被害が出るのだろうか。

このうち、富士山噴火による予測被害の具体的なものは、現状では前に紹介した「火山災害の研究」に盛り込まれたものぐらいしかない。そこで、ここではもうひとつの東海地震による被害予測について触れておきたい。

東海地震による被害想定を行なっている自治体は、神奈川県、同県横浜市、静岡県、山梨県などである。

2001年5月30日、静岡県では、東海地震が起った際の被害想定をまとめた。95年の阪神・淡路大震災に則したものだ。さまざまなケースを想定し、最も人的被害が大きいのは、「予知なし、冬、午前5時」の場合で、死者5851人。全死者の4分の3が木造家屋の倒壊で犠牲になるとしている。

歴史的にも濃尾地震（1891年、M8・0）や三河地震（1945年、M6・8）といった大きな震災被害に遭遇した愛知県でも、東海地震、濃尾地震の再来の被害想定を行なっている。

ちなみに、濃尾地震では死者2393人、三河地震では死者2306人にもおよんだ。「愛知県東海地震被害想定」では、海洋型大地震としての東海地震と内陸直下型大地震としての濃尾地震の再来を想定している。

東海地震ではM8・0、予知があった場合とない場合、そして冬の平日夕方6時としている。想定によると最大震度5強、最大被害は、建物の大破1万581棟（震動に加え液状化による被害も含む）、火災発生が224件、死者104人を見込んでいる（愛知県内のみの予想)。

濃尾地震の再来については、その被害想定はさらに大きくなる。震源地を岐阜県西部の根尾村近辺とし、M8・1を想定した。それによると建物の全壊13万2817棟(震動によるもの)、死者9604人となっている。

また、横浜市でも、駿河湾を震源としたM8の東海地震が発生した場合の、被害想定を行なっている。

それによると、震度5ぐらいの揺れに市域内が見舞われ、建物被害は約1万6000棟強、死傷者約300人だという。

これらはあくまでも想定であり、現実には地震が発生した時間や天候、また、地震の規模によっても大きく左右されるものだと認識しておく必要がある。

ちなみに東京では97年に、「東京における直下地震の被害想定に関する調査報告書」をまとめている。東海地震を想定したものではないので、単純に参考にはならないだろうが、冬の夕方(午後6時)に震度7クラスの地震が起こった場合、とくに火災による二次被害が大きいことを想定している。

北北西の風毎秒6メートルという状況では、焼失面積は約96平方キロメートルにも達し、焼失家屋数は約38万棟だという。環状7号線周辺やJR中央線沿線などの地域で、とくに延焼が拡大するとしており、この地域の防災対策が急がれるところだ。

●富士山大爆発を警告してきた専門家たち

「1983年9月10日～9月15日の間に、富士山が大爆発する。その確率は90％以上」

こうしたショッキングな内容が綴られた『富士山大爆発』（徳間書店刊）という書籍が刊行されたのは、いまから20年近くも前の1982年8月末のことだ。

著者は元気象庁予報官の相楽《さがら》正俊氏で、同書は実に30万部を超える大ベストセラーとなったが、その一方で「とんでもないデマによって被害を受けた」と、同書によって振り回された富士山周辺の自治体や観光業界関係者のなかには、いまも当時の憤りを昨日のことのように語る人々もいる。

今回、あらためて同書に目を通してみたが、相楽氏が当時噴火説を唱える根拠としていた要素はいくつかあるが、その一番目が太陽活動との関係である。つまり、太陽の黒点数が少ないときは太陽活動が乏しいため、地球に届く熱エネルギーが減少する。

その結果、凶作や冷害、異常低温や火山爆発などが多くなるというもので、それが60周年とか100周年といった一定の周期で訪れるとしている。

そのうえで、なぜ、83年9月10日～15日の間に噴火が起きるとしたのかについて述べているが、かいつまんでそれを紹介すると、だいたい次のようなことになる。

① この期間に関東地方で急に気温の上がる日があり、しかも大雨が降ることになっている。台風か、それに近い熱帯性低気圧が北上してきてもおかしくない。
② 活火山ではあるが、ここ何百年も噴火の音沙汰がない火山の場合、発達した低気圧が（噴火の）導火線となるケースが多い。
③ 火口の下ではドロドロした溶岩がせりあがってきているが、そこに大雨が降れば、大量の水蒸気が発生し、それが火口をふさいでいた岩石や土砂を吹き飛ばすことで、噴火が起こる。

相楽氏はこうした噴火のシナリオを紹介し、そのうえで、低気圧が通過したあとでの火山噴火例もいくつかあげることで、その関連性を強調している。

もうひとつの根拠として、やはり一定周期で訪れるものに、惑星が直列に並ぶこともあげており、そのときに地震などの天災が起きやすいことを指摘している。

つまり、水星、金星、地球、火星、木星、土星、天王星、冥王星、海王星の9惑星が直列に並んだときに、異常気象が起きやすく、それが60年周期で起こるというもので、相楽氏が富士山の噴火予測を打ち出した1982年3月がちょうど、9惑星が直列に並んだときであった。そこからほぼ60年前の1923年に、あの関東大震災が発生していることが、この60年周期説の根拠となっているわけだ。

しかし、その一方で相楽氏は東海地震と富士山噴火の関連性を否定している。また、ここであらためて紹介した一連の持論についても、「統計学的にみて相関関係がある」と同書の中で述べているだけで、その意味では説得力に乏しいと感じざるをえない。ただ、動物の異常行動をはじめ、噴火の危機に備える意識を国民が持つべきと警鐘を鳴らした点では評価してもいいだろう。

また、相楽氏以外にも富士山の噴火について積極的に発言してきた人物はいる。たとえば、防災問題評論家で地震学会会員でもある大山輝氏はそのひとりといっていいだろう。これまでに、『富士山が噴火する日』（大陸書房刊）『いま富士山が危ない』（白楽刊）など、富士山噴火に関する著書も何冊か出しており、ジャーナリストとして警告を発してきた代表者ともいえる。

相楽氏との違いは、相楽氏が否定している東海地震との関連性を追っているところで、本書のスタンスに近い主張といえる。また、富士山噴火問題をタブー視することなく、地震学者や火山学者が積極的に検討していくべきとする主張も、現在の火山噴火予知連や地震予知連に対して、本書が訴えたいことと一致している。

この2人以外で、とくにここ数年間、富士山噴火について積極的に警告を発してきたのは、琉球大学理学部教授の木村政昭氏である。具体的なデータを用いての分析・主張であり、大いに傾聴に値するものと本書ではとらえている。

●三原山大噴火は1時間の誤差で予知できた

しかし、こうした警告者たちの声に対し、学界や国、関係自治体、マスコミなどはかならずしも好意的に受け止めてきたわけではない。むしろ、「デマにすぎない」との一言で片づけようとしてきた観が強い。そのため、警告者たちはある意味では「日陰者」と見られてきた面もあるだろう。

その最たる例が、相楽氏である。彼の予測が外れたことは富士山噴火が起きなかったという意味で、たしかに幸いな出来事だったといえる。しかし、逆に相楽氏にとっては悲劇となったのも事実だ。

相楽氏の著書が出てから1年近くは、「やはり富士山噴火は起きるのか?」といったセンセーショナルな見出しをつけ、〝便乗商売〟をしていた週刊誌をはじめとするマスコミも、予測が外れるやいなや、「富士山大爆発騒動はいい加減にしろ!」「予測が大外れの相楽氏は雲隠れ」といった手のひらを返したようなバッシングを行なっていたことが、当時の週刊誌記事を見てもわかる。相楽氏自身、「オオカミおじさん」のレッテルをはられ、講演の依頼が急減したほか、自宅に嫌がらせの電話が頻繁にかかってきて家族も苦労したことを、のちにいくつかの取材のなかで明かしている。

また、「相楽氏は元気象庁予報官の肩書を持ちながら、事実無根の噴火説をぶちあげた」と批判、観光収入に大きな被害が出たとして、富士吉田市（静岡県）の当時の市長である渡辺万男《かずお》氏が、相楽氏と彼の書籍を出版した当時の徳間書店社長の徳間康快氏を相手取り、「信用毀損業務妨害」で、静岡県警富士吉田署に告発するといった騒動にまで発展した。

たしかに相楽説は説得力に乏しい部分が多いが、逆にいうと、ひとりの気象庁ＯＢの意見にここまで世間が右往左往させられたのは、地震予知連と火山噴火予知連をはじめとする国や自治体が、積極的に富士山噴火問題について討議、発言してこなかったことも影響しているのではないだろうか。

つまり、予知連や防災機関が富士山問題をタブー視すればするほど、「デマ」に近いものが流れることになりかねない。このことを予知連をはじめとする関係機関や行政関係者にはしっかりと認識してもらい、積極的に正しい情報を公表していただくよう、本書では強く訴えておきたい。

「予知」につながるあらゆる情報や現象について、まずはひととおり検討すべきであって、「あれは学界で主流の意見ではない」とか、「データが少ないので」といったことで却下したり、黙殺すべきではないと思う。

本書が取材した火山噴火予知連と地震予知連の関係者の中にも、木村教授の意見や、岡山理科大学の弘原海清《わだつみ》教授の、大気中のイオン濃度の測定を地震予知に結びつける研究

（後述）などを「あまり主流ではない」と一笑に付す声が非常に強かったことが気になる。

しかし、1983年三宅島噴火、1986年伊豆大島三原山噴火の事前に、イギリスの「ネイチャー」誌や日本火山学会の「火山」に掲載された木村教授の中・長期予測が適中している。三原山の大噴火にいたっては、直前予知までわずか1時間の差で適中した（1986年11月19日、テレビ朝日「ニュースステーション」で中継）という事実をどう見るのだろうか。

「可能性はすべて検証してみる」ことこそ、「予知」を高めることにつながるのではないかというのが、本書の主張である。

●噴火前に異常反応を起こす動植物

噴火ではないが、巨大地震が起こる前にはその前兆現象として、動物の異常行動が起こることが、これまでにかなりのデータからわかってきている。

昔からよくいわれてきたのが、地震前にはナマズが暴れまわるというものだが、ナマズに限らず、ほかの動物がいつもとは違った行動をとっている例はいくつもある。

最近では、1995年1月に起きた阪神・淡路大震災直後の同年2月、日本愛玩動物協会が神戸市などの避難所で実施した調査によると、震災前に「異常に鳴いた」「落ち着きがなかった」などの異常行動を示したペットは、犬が26・2％、猫が39・2％に上ったという。

大阪大学大学院教授で工学博士の池谷元伺《いけやもとじ》氏は、著書『大地震の前兆 こんな現象が危ない』（青春出版社刊）の中で、地震前に動物が異常行動を起こしたり、植物に異変が起こることを紹介している。

その主なものを引用させてもらうと——。

①イヌが飼い主に向かって悲しげに吠える。

②1999年のトルコ地震の前にはネコが高い木に登っていつまでも鳴いていた。

③ハムスターが暴れて飼い主に噛みつく。

④1974年に中国・雲南で起きた地震前には、多くのネズミが目撃された。

このほか、カラスやハト、ニワトリといった鳥類がやはり地震前に大騒ぎしたり、落ち着きのない行動をすることや、カエルやミミズ、あるいは魚類も通常とは異なる行動を見せるケースが非常に多いという。

また、異変が見られるのは動物だけではない。植物にも前兆現象が起こることを池谷氏は指摘している。季節はずれの花が狂い咲きをしたり、オジギ草が倒れたり、風もないのに木の葉がざわめくといったことがその主なものだ。

地震学者や火山学者の中には、こうした動植物の異常行動や異変を「地震や火山活動と

◆身近な動物の地震前兆◆

人　間	前日に気分が悪い。頭痛がする。
イ　ヌ	不安げ、悲しげに訴えるように吠える。普段と違う様子。狂ったように暴れる。家人に噛みつく。雷の前と同じ挙動。
ネ　コ	そわそわ落ち着かない。裏声で鳴く。柱や高い木へ駆け登る。暴れる。家を出る。子ネコを連れ出す。必死で顔洗い行動をする。
ネズミ	騒ぐ。いなくなる。放心·自失状態で徘徊する。1時間前にパニックを起こす。
ハムスター	暴れて仲間同士で噛み合う。必死で毛づくろいをする。
リ　ス	冬眠から目覚めて動き出す。暴れる。
アシカ	ジグザグ泳ぎ。陸に上がって騒ぐ。興奮してエサを食べない。
ニワトリ	夜に鳴く。騒ぐ。屋根や木に上がる。抜けるまで羽づくろいをする。
アヒル	水に入らないで騒ぐ。飼い主に噛みつく。
カラス	多数で騒ぐ。うるさく鳴く。いなくなる。
カモメ	内陸部にまで飛び、上空で騒ぐ。
インコ	高い声で鳴き騒ぐ。夜間でも飛び騒ぐ。
ヘ　ビ	冬でも地上に出てくる。とぐろを巻く。笹藪で群れ、団塊になる。
魚	浮いて整列する。飛び跳ねる。池から飛び出す。暴れる。白い腹を見せて浮く。死ぬ。隠れる。エサを食べない。深海魚が浅瀬に現れる。異常な豊漁。
ナマズ	暴れる。水面近くに上がる。飛び跳ねる。
ミミズ	多数が土から出る。団塊になる。

◆植物の地震前兆◆

季節はずれの狂い咲き
オジギ草が葉を閉じ、倒れる
シュロの木の葉が上を向く
とがった葉を持つ植物の先端が枯れる
盆栽の土がすぐに乾く
風もないのに木の葉がざわめく
イネの葉に縮斑がつく

関係があるかどうかはデータも少ないので」などの理由で、黙殺する向きも多い。しかし、はたしてそういい切れるのだろうか。

というのも、こうした動植物の異常行動は、2000年10月6日に発生した「鳥取県西部地震」でも、地震の数カ月前からいくつも目撃されていたことが明らかとなっているためだ。

「食料品が置いてあるわけでもない倉庫にネズミが出没して、地震前までつねに10匹前後が毎日のように走り回っていた」(鳥取県米子市内の家電メーカー営業所)という証言や、地震直前の9月上旬に、雨が降ったわけでもないのに、乾燥したアスファルトに20メートルにもわたって、100匹以上のミミズが竹やぶからはい出ていたことも目撃されている。

とくにミミズが地震前にこうした行動を起こすことは、1999年10月の台湾地震の際にも確認されており、前兆現象の有力なひとつといえるだろう。

では、過去の富士山噴火では、こうした動植物の異常行動は見られたのであろうか。

残念ながら記録としては目立ったものはないが、気になるものはいくつかある。1707年の「宝永の大噴火」の前には、富士山山麓の地熱が上がったため、ヘビやカエルが冬眠せず、また、本来は年に1回しか採れないはずのワラビやタケノコが、春と秋の2回採れたとの記録が、『勝山記』の中にあるという。

近年、伊豆近海や東京湾周辺でも、ふつうでは見かけることのない深海魚などが、ときどき目撃されているとの報道を、新聞などで目にすることが多いように思うが、これらが富士山の噴火とまったく関係がないのかどうかも注意深く検討する必要があるのではなかろうか。では、なぜ、こうした動植物の異変が地震前に見られるのかについて、次の項で詳しく触れることにしたい。

●電磁波が地殻変動をキャッチして前兆現象に⁉

ここまで触れてきたように、大きな地震が起こる前にはかならずといっていいほど、動植物の異常な行動といった「前兆現象」があったことが多数、報告されている。

そしてこれらの「前兆現象」が、実は地震前に発生する電磁波と関係があるのではないかとの説を唱えている学者もいる。前述した池谷元伺氏は、その代表といっていいだろう。池谷氏は著書の中で、地震前に動植物が見せた異常行動や自然界で起きた不思議な現象、さらには家電製品にまで前兆現象が見られた例を豊富に紹介しており、これらは「地殻破壊から生じた電磁波の影響である」と推論している。

では、なぜ、電磁波が前兆現象を引き起こすのか。それを知る前にまず、電磁波発生のメカニズムを理解する必要がある。池谷氏の説明する電磁波発生のメカニズムはこうだ。

「地震は地殻が割れることで起こるが、この地殻が割れる岩石破壊によって電磁波が発生する。低い周波数の電磁波は低減せずに伝わり、地表では電荷を誘起して電流が流れ、放電すら生じ、再び電磁波が出る。これを動物や植物は敏感にキャッチするのである」（前出の著書より引用）

その結果、動物の異常行動という形の前兆現象が現われるわけだが、たとえばネコはそわそわして落ち着きがなくなり、高い木に登ったり、必死で顔を洗うようなしぐさをするという。ネコのヒゲや目は電磁波を感じやすく、それが顔を洗うようなしぐさになって現われるとの実検結果も出ている。

ナマズが暴れたり、ネズミや鳥類が大騒ぎをする現象も、大地震の前に目撃されているし、台湾大地震や鳥取県西部地震の際には、ミミズが大量にはい出していた事実はすでに紹介したが、これらもすべて電磁波を感じ取っての異常行動だと、池谷氏は前出の著書の中で結論づけている。

さらに追加すれば、電磁波が関係しているのではないかと見られるのは、動植物の異常行動だけではない。

1995年1月の阪神・淡路大震災の直前に、西の空が明るくなったという報告や稲妻のような発光が見られたという声もある。

池谷氏によれば、こうした発光現象や空が割れたような変わった雲（いわゆる地震雲）が発生するといった、通常では見られないような自然現象が、地震前に目撃されているとのことで、これらにも実は電磁波が影響しているというのだ。

電磁波の発生メカニズムは前述したとおりだが、池谷氏の説明によれば、電磁波が発生する際に瞬間的な電場が発生し、それによって大気中の電子が加速され、大気分子と衝突する。この大気分子が高いエネルギー状態まで高められ、雷の放電と同じように光を放つ。これが発光現象として目撃されることがあるという。

地震雲も発生の仕方は発光と似ているが、大気中の気象条件によって発光が地震雲という形で現われることがあるらしい。

いずれにせよ池谷氏は、地震前には強い電磁波が発生していることを主張するが、地震予知連や火山噴火予知連では、かならずしもこの論に諸手をあげて賛成しているというわ

◆家電製品の地震前兆◆

蛍光灯	自然に点灯する。赤く発光する。
ラジオ	雑音が入る。勝手にスイッチが入る。大きな音で鳴る。
テレビ	画面が乱れる。チャンネルが自然に切り替わる。リモコン操作不能。ノイズ、白い波形が入る。
時計	突然止まる。突然速く進む。クルクル回る。
カーナビ	矢印がフラフラし逆向きになる。
冷蔵庫	ゴトゴトと奇妙な音がする。
カーペット	バチバチと超静電気が起きる。

◆大気と海の地震前兆◆

発光	空が明るくなる。海上が明るくなる。火の玉が出現する。空全体の稲光り。
地震雲	竜巻雲やヘビ状の雲、うろこ雲、筋状の雲、放射状の雲が観測される。直前の妖雲に注意。
地震霧	地震の直前に、霧が発生。太陽や月、星の異常（月や星が大きく見える。太陽が黄色く見える）も水滴ができるため。
海の潮位	地震の前、潮が引く。海が割れ水の壁ができる。

70、71、75ページの表は
池谷元伺著『大地震の前兆　こんな現象が危ない』より

けではないフシがある。

地震予知連のメンバーのひとりは、「電磁波と地震との関係は今後、テーマのひとつになる方向だ」といいつつも、「テレビをはじめとする家電製品に囲まれた日常生活でも、電磁波というのは出ているわけだから」として、電磁波の発生＝地震発生説を素直に肯定できないことを本書の取材に対し、明かしている。

そのことを逆に池谷氏に聞いてみたところ、次のように反論している。

「多くの人たちは、電磁気学は専門ではないので、誤解している。日常生活で出ている電磁波は、連続波で微弱なものである。これに対して、地震前に発生する電磁波は、短時間に現われる非常に強力な電磁波だ。したがって強さが5ケタも6ケタも異なるものであって、定量的な比較ができないものを一緒に論じてもダメだ」

また、予知連側のこうした否定的な反応は、次の項であげる大気中のイオン濃度の変化による「予知」に対しても同じだ。

●大気中のイオン濃度測定で予知が可能？

「芸予地震、１週前に予想？　岡山理大がイオン濃度急上昇観測」――。

こんな見出しの記事が、２００１年３月29日付の「朝日新聞」の社会面に掲載された。

電磁波と同様に地震予知に効果を発揮するのではないかという期待が高まっているのが、大気中のイオン濃度の変化を測定する方法である。

この研究を進めているのは、岡山理科大学教授の弘原海清氏を中心とする同大学の「地震危険予知プロジェクト研究会」だ。「朝日新聞」の報道以降、いくつかの週刊誌でもこの研究内容を詳しく報じているので、それらを参考にしながら概要を紹介しておこう。

イオンは物質を形作っている原子や分子が、通常持っている電子を放出したり、余計に取り込んだりした状態のものをいう。

電子を余計に持てばマイナスイオン、その反対の場合はプラスイオンだが、通常は大気中にそれぞれ1cc当たり1000個以下しか存在していないものだという。そして同氏らが地震の予知として注目しているのは、プラスイオンのほうだ。

地震が発生する前に岩盤に強い圧力がかかって岩盤が割れるときに、ラジウムが発生し、これがラドンガスという気体になって放出される。このラドンガスが放射線を出して鉛イオンというプラスイオンの一種に変化するのだが、最初の段階では放出量が多いため、大気中の鉛イオンの濃度が高まり、やがて減っていくという。

しかもこの鉛イオンは空中の塵と結びついて、通常のイオンよりもかなり大きい「大イオン」になるという。つまり、プラスイオンの濃度が急上昇することと、その中に含まれる「大イオン」の割合がどうかということを測定すれば、どの程度の地震が起こるかがわかるというものである。

前項で述べた「電磁波」と発生の仕方は似ており、また、動植物に見られる異変も電磁波とは別に、実はこのプラスイオンが影響しているのではないかと見る関係者もいるが、そこまではまだ詳しく分析できていないようだ。

それはともかくとして、弘原海氏らが常時観測を行なっていたところ、2000年6月22日になって「大イオン」1万個／cc以上に急上昇し、さらに7月にも再度1万個／ccに近い数字が観測されたため、地震の発生を警戒していたところ、10月6日にM7・3の「鳥取県西部地震」が起きたという。

さらに、2001年3月24日に中国・四国地方に大きな被害をもたらした「芸予地震」（M6・4）でも、地震のちょうど1週間前の3月17日に、「大イオン」が4916個／ccと通常の5倍近くの数値まで急上昇したため、弘原海教授らの岡山理科大学「地震危険予知プロジェクト研究会」では、インターネットのホームページ上で、「震度4～5弱前後、M5・0前後の地震が、近畿から中国、四国にかけての地域で、近いうちに発生する恐れがある」との警戒を呼びかけていたところ、芸予地震が起きたため、一躍脚光を浴びるようになったわけだ。

鉛イオンの発生の仕方は、前項で述べた「電磁波」のそれと似ており、弘原海氏自身も、電磁波や鉛イオンが、動物の体にストレスとホルモン異常を引き起こして、「異常行動につながるのではないか」と、新聞取材などでコメントしている。

これに対し、学界や予知連の反応はというと、電磁波と前兆現象の関係以上に、否定的な反応や黙殺するような声が多い。

東大地震予知研究協議会議長の浜野洋三教授（地球惑星科学）は、前出の「朝日新聞」の記事の中で、「地殻活動のひとつである大気イオン濃度の上昇を、地震前にとらえた点は評価できる」としながらも、「かならずしも地震が原因とは断言できない。予知に用いるのはまだ難しく、因果関係の究明が研究課題だろう」とコメントしている。

火山噴火予知連や地震予知連関係者の場合は、もっと冷淡だ。「科学的根拠があるのかどうかもわからない」「あまり上流の研究とはいえない」といった調子で、黙殺するに近い姿勢だ。

一説によると、二つの予知連をはじめとする省庁関係の地震研究には、国として年間1 6 0億円もの予算が組まれており、これで高価な地震計や地殻の動きを測定する歪み計も購入されているのだという。

それに対し、弘原海氏らが使用しているイオン測定装置は1台4 0 0万円程度で、しかも、「半径3 0 0メートルぐらいのエリアのイオン濃度を測定できる」というものなので、各都道府県に1台ずつ設置するだけでも、かなりの精度は上がると思われる。

しかし、前述したように研究そのものを否定したり、黙殺するのは、あえて穿った見方をすれば、二つの予知連をはじめとする関係省庁や機関が、160億円の地震研究予算を、自分たち以外の研究者や研究機関にはビタ一文も使わせたくないということの表われではないだろうか。

われわれの生命をも左右しかねない地震予知が、このような〝役所のセクショナリズム〟〝予算のぶんどり合戦〟といった低レベルな争いで左右されているのだ。

それは本来あるべき「予知」の体制であろうか。

もちろん、弘原海氏らの研究がすべて正しいといい切るつもりはない。しかし、電磁波の問題もそうだが、予知にプラスとなる可能性のある研究成果や情報については、できるかぎり検討してみるべきだろう。

「地震や火山噴火となんらかの関係があるのでは」として報告されている現象についてすら、「あまり（学界内や予知連内部で）主流の意見ではないので」（火山噴火予知連関係者）として、無視を決め込む火山噴火予知連や、地震予知連の姿勢が正しいのかどうか、あえて疑問を呈しておきたい。

3章

日本列島中央部を襲う巨大災害

——火山泥流、火山灰、津波、原発事故の恐怖

●なぜハザードマップができなかったのか

２０００年3月31日に噴火を始めた北海道・有珠山では、その噴火に先立ち、かなり踏み込んだ「警告」が発せられていた。前兆として、火山性地震の群発が4日間続き、噴火予知連は、「数日以内に噴火が発生する可能性が高くなっている」との見解を発表。この発表を受けて、行政サイドは、3月29日には、住民３０００人程度を避難させる措置をとっている。

これらの迅速な対応は、「いつ噴火が起きても対応できるようにしておく」という行政の「危機管理意識」からくるものであり、火山噴火の予測と起こりうる災害を、地図上に具体的に示す「ハザードマップ」の作成が、大いに役立ったことはいうまでもない。

有珠山の噴火では、１６６３年以来7回も噴火を繰り返していることから、過去の噴火に関する科学的なデータや災害記録を参考にして、噴火時に想定される災害予測を、地図上に示した「ハザードマップ」を壮瞥《そうべつ》町などの有珠山周辺市町村で作成している（１９９5年10月）。

なかでも壮瞥町の対応は熱心なもので、このマップを全戸に配布したほか、その後に地域防災計画を見直すなかで、防災計画に位置づけられた「避難場所」や避難経路、防災行政無線の位置と、災害時の行動の心得を解説した改訂版ハザードマップを、98年3月と99年3月にも発行しているほどで、実際に2000年3月の有珠山噴火の際には、これが大いに役立ったとしている。

また、有珠山や鹿児島の桜島などのケースでは、ハザードマップを作ったことで観光業者がそれほどマイナスを受けたわけでもないことや、土地価格が下落して、不動産会社の経営に支障が出るなどの損害があったわけでもなく、むしろ周辺住民は、マップ作成を好意的に受け止めていることが、損害保険料率算定会作成の「火山災害の研究」の中でも明らかにされている。

では、富士山が仮に噴火したとしたらどうなるであろうか?

宝永4年(1707年)以来、300年近くも噴火していないことから、富士山の噴火を体験している人間は存在しない。加えて富士山の周辺が、一大観光地になっており、年間3000万人もの観光客が訪れるということもあって、「ハザードマップ」の作成は、観光客の減少につながり、地元業者の死活問題になりかねない、という雰囲気に満ちていて、なかなか手がつけられなかった。

前にも紹介したとおり、『富士山大爆発』という本が出版されたときは、その「風評被害」によって、例年の観光客の10%(300万人)減という結果になってあらわれたのである。

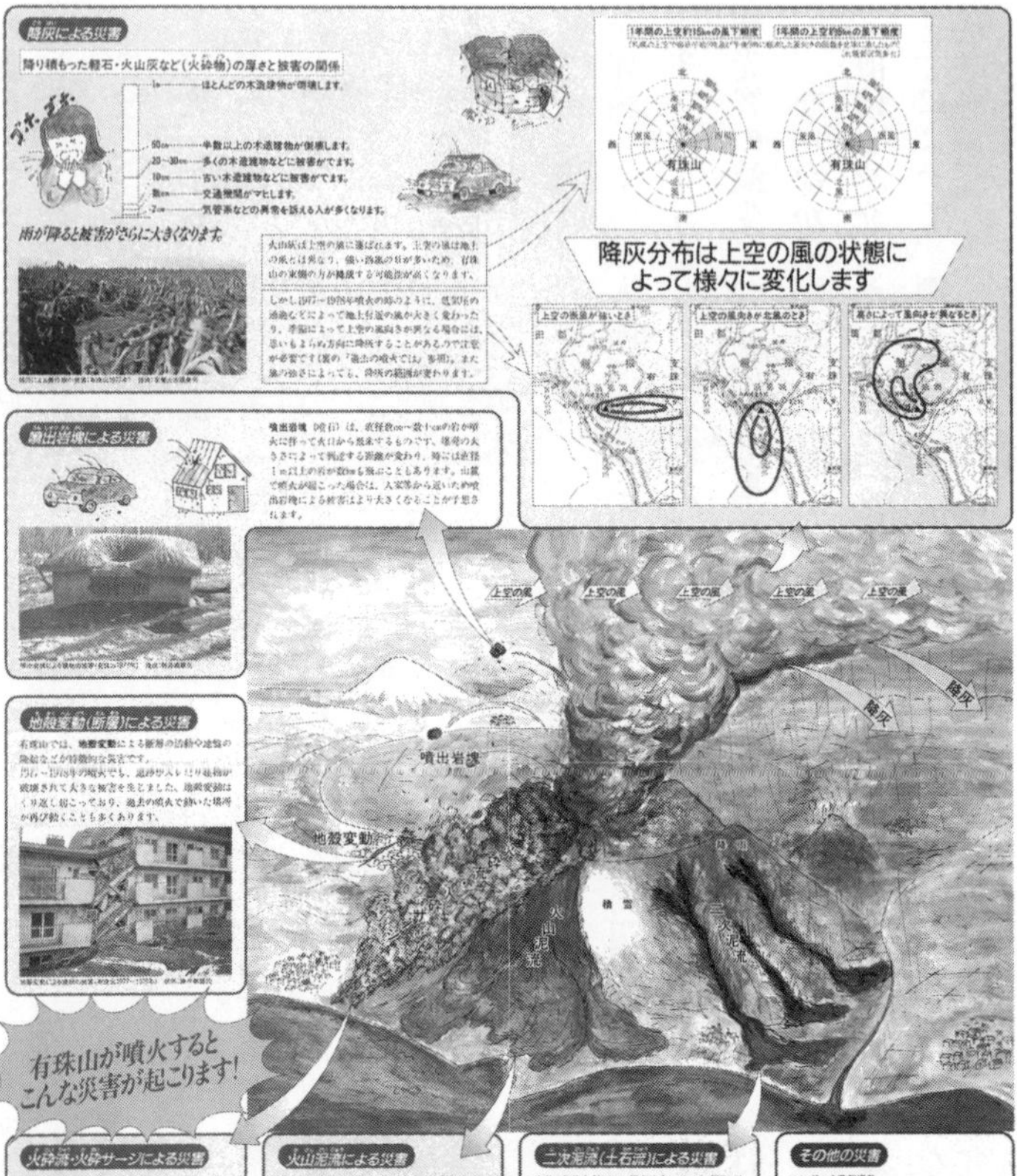

「有珠山火山防災マップ」(1995年)より抜粋

◆人的被害を未然に防いだ有珠山のハザードマップ◆

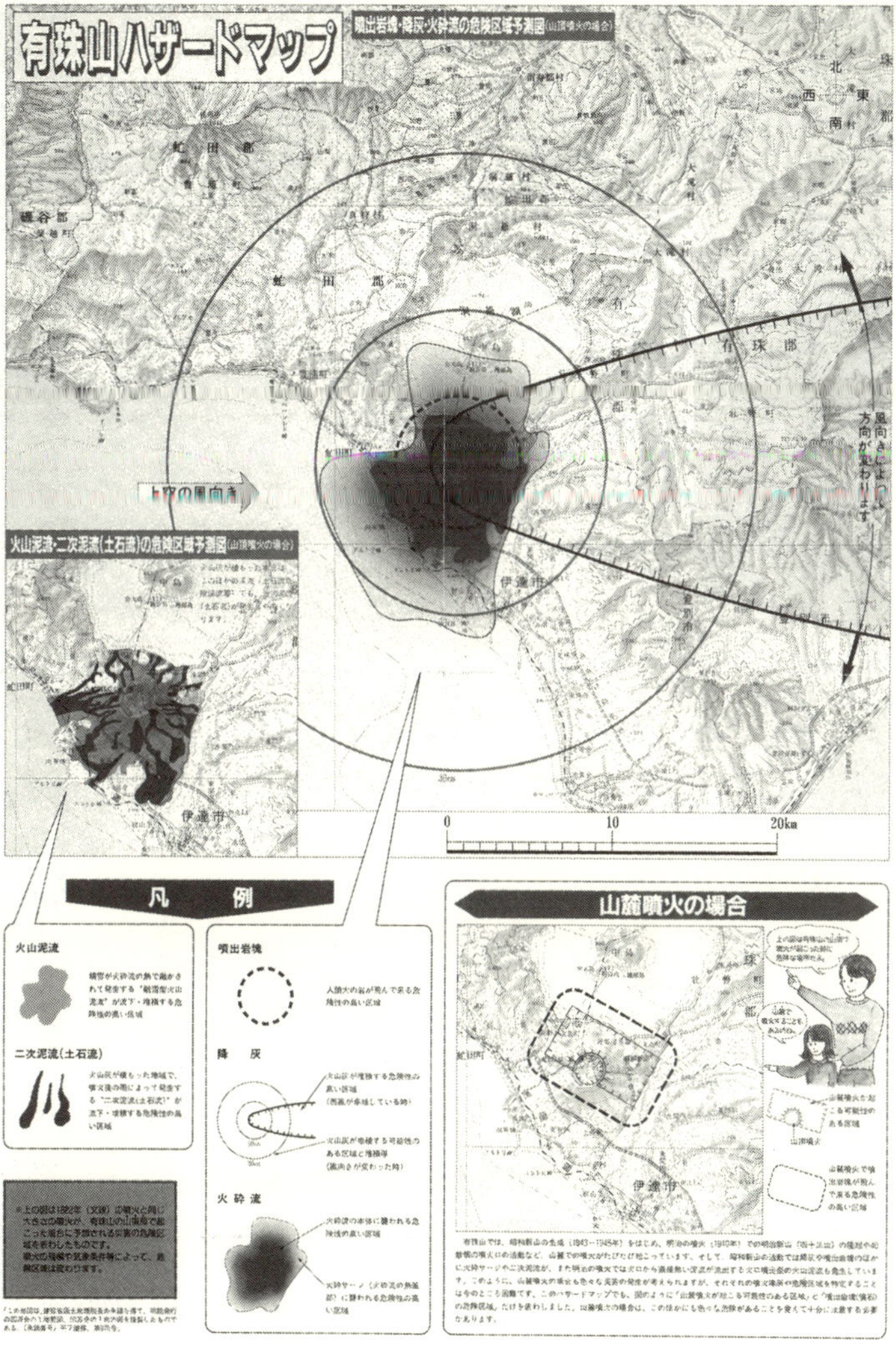

ホテルや旅館だけでも、億単位の損害が出ている。地方自治体にある「ハザードマップ」作成とその公開に対する拒絶反応は、そういった点に由来しているようだ。

富士山のハザードマップについては、これまでにも旧・国土庁（現・国土交通省）が作成指針（『火山噴火災害危険区域予測図作成指針』1992年発行）を策定し、富士山についても噴火規模を1707年の「宝永の大噴火」規模と想定したうえで、いくつかの災害予測の実例も載せてはいるが、マップそのものについては、観光地としてのイメージダウンを恐れる地元の観光団体などの反対が強く、作成実現には至っていなかった。

また、噴火自体がその形態をはじめ、山頂で起きるのか山腹で起きるのかもわかっていないため、「ハザードマップ作りは難しい」（火山噴火予知連会長の井田喜明・東大地震研究所教授）ともいわれていた。

しかし、その住民意識が変わったのは、有珠山の噴火のときにハザードマップが大いに役立ち、人的被害を防いだという実績が大きいようだ。

2001年2月5日に、火山噴火予知連絡会が、富士山の噴火に向けた対応を検討する作業部会を設置する方針を明らかにしたことを受けて、火山学者や地震研究家の間からは「富士山のハザードマップ（災害危険予測図）作成に取り組むべきだ」との声があがった。そして、富士山の噴火を想定した初めてのハザードマップが、内閣府と地元が協力して、2002年度をメドに作られることになった。また、2001年6月3日には、いままでのタブーを破り、山梨県河口湖町で、約1万5000人が参加する初の「火山総合防災訓練」が行なわれた。

もちろん、富士山の地下で低周波地震が頻発しているという現実が、住民の意識を変えたのは間違いない。

たしかに、いたずらに不安を煽りたてるマスコミにも問題がないとはいえないが、かといって危機管理がなおざりになっていては、これもまた問題である。

さらに、富士山爆発への対応が遅れている点に関しては、富士山は日本の火山の中でも飛びぬけて規模が大きい火山であり、さらに過去300年、噴火の記録がないということもある。富士山が噴火するという可能性があるだけで、その時期も規模も判明しない以上、その被害予測を立てることは困難なことに違いない。

前出の旧・国土庁策定の予測図作成指針では、観光地として経済的な恩恵を受けている火山地域において、住民を啓発するようなマップを公表する際の注意点をあげている。マップ作成に対するマイナスイメージが住民の間に起きやすいため、住民に対し、火山災害に対する理解とマップの公表により、災害の予防や軽減で、メリットがあるということを理解してもらうよう、努力する必要があると記している。今後、関係自治体はこうした点に配慮しながら、ハザードマップ作りを進める必要があるだろう。

「危機管理」として、最悪のケースを想定し、そのときどう対処するかを頭にいれておく

てみよう。ことが、被害を最小限にとどめる方策である。あらゆる面から、起こりうる事態を想定し

●火砕流で一瞬にして町は全滅！

火山噴火の被害としては、「溶岩流」「火砕流」「泥流」「山体崩壊」「火山灰」など、さまざまなものが想定される。噴火の形態によっても違ってくるが、過去の富士山の噴火の例からも、あらゆる被害を想定しておかなければならない。

そして問題なのが、狭い国土を反映してか、富士山近郊にも、人口が密集しているという事実である。富士山周辺の火口から20キロ以内には、およそ30の市町村があり、人口10万人あまりの人々が住んでいる。30キロ以内に広げれば、富士宮、富士、沼津、三島といった10万都市が存在する。レジャー施設も多く、登山者だけでも年間200万人を上回っているのだ。これだけの人口が密集している以上、過去の噴火や海外を含めたほかの火山噴火とは比べものにならないほどの人的被害が起きても不思議ではない。

前回の噴火から300年近くが経過しているが、一般に噴火の間隔が開くと大噴火になりやすい、といわれている。

マグマが火口から噴出して流れ出るものが溶岩流だが、高温のため、その流路にあたる

地域の建物や農耕地、森林などは焼失、あるいは埋没してしまう。農耕地としても原状復旧も困難となる。流れ出る速度は、比較的ゆっくりなため、人の足でも逃げられるが、防ぐことはまず不可能。ただし、富士山の溶岩は粘性が低いため、ほかの火山の溶岩流より速く流れるという指摘もある。

過去の富士山噴火の例では、40キロメートルも離れた猿橋まで達したという記録が残っている。

溶岩流よりより怖いのが火砕流だ。火砕流とは、火山灰や岩塊、空気や水蒸気が一体となって急速に山体を流下する現象をいう。そのスピードは、時速数十キロメートルから数百メートルに達し、温度も数百度に達する。大規模な場合は、その地形に関わらず、広範囲に広がり、あらゆる建造物を破壊、焼失、埋没させる。火砕流にともなう熱風は、火砕流本体よりさらに数百メートル先まで達し、安全と思われた高台にも被害をおよぼす。火砕流が発生してからでは、住民は逃げることはできず、ほぼ全滅する。過去の火山被害では、この火砕流による死者が数多く出ている。

1991年の長崎県・雲仙普賢岳で火砕流による大被害が出たことは記憶に新しい。また、火砕流の恐怖を物語る例として、1902年の西インド諸島にあるマルチニーク島モン・ペレー火山の噴火がある。轟音とともに噴煙を吹き上げ、同時に火砕流が発生。温度が700～1000度もある火砕流は、猛スピードで山の斜面を下り、人口3万人のサン・ピエールの町は一瞬にして全滅したのである。生き残ったのは、地下牢に閉じ込められていた囚人ただひとりだったという。

富士山の噴出物は、玄武岩質で流れやすいため、火砕流にはなりにくいといわれているが、数千年前には火砕流が流出している。

●火山泥流の被害は数年続く

火山泥流とは、岩石や土砂が水と混ざって、流下する現象をいう。噴火で堆積した火山噴出物が、雨や噴火による融雪によって泥流となるケースが多い。

過去の富士山の例では、火山泥流が猿橋の溶岩流のはるか下流の、神奈川県・厚木市付近まで到達した。今後、富士山噴火で火山泥流が発生したとき、下流の相模湖、津久井湖まで大量の泥流が流れ込み、ダムを破壊し、相模平野に大洪水を引き起こさないともかぎらない。

ちなみに、1985年の南米コロンビアでは、ネバドデルルイス火山が噴火、50キロメートル離れたアルメロの町を泥流が襲い、2万2000人の命を奪っている。

泥流の恐ろしさは、噴火後何年にも渡って続くということである。堆積した降下火砕物は、雨とともに泥流となり、多大な被害をおよぼすということである。

1章でも触れた前回（宝永）の富士山噴火では、東麓にスコリア（降下火砕物のひとつで、黒褐色の焼け砂など）が1～2メートルに渡って堆積。家も田畑も埋没してしまい、人々は慌てて避難。噴火が収まっても、家と田畑は埋もれたままで、農作物の収穫がゼロに等しくなり、多数の餓死者が出た。

さらにその焼け砂が少しずつ下流に流され、神奈川県を流れる酒匂川に堆積。川底が浅くなったため、大雨のたびに大洪水が起き、広域に渡って被害をもたらしたという。焼け砂に覆われた大地が、元に復旧するまでに30年以上の歳月を要した。

●山体崩壊を繰り返してきた富士山

アメリカ西部にあるセント・ヘレンズ火山は1980年に、実に123年ぶりに噴火。それまで標高2950メートルあったセント・ヘレンズは噴火後には400メートルも低くなり、富士山のような美しい景観を誇っていた山は、たちまちその姿を変え、直径2キロメートルにおよぶ火口を広げ、その崩壊の爪あとを山頂部に残している。

富士山も噴火によって、美しい容姿が哀れな姿に変身してしまうこともありえない話ではない。もともと富士山は、最初から現在の姿を形成したのではなく、何度となく大崩壊を繰り返しては、噴火のたびに噴出物を出して、いまの形を形成しているのである。

山頂剣ケ峰付近から約2.1キロにわたる大沢崩れ（矢印）
富士山の雄姿は永遠であってほしいが……

約2万5000年前から数えて、少なくとも5回、大規模な山体崩壊を起こしている。最も新しい山体崩壊は約3000年前で、山の東側が崩れ、岩なだれが御殿場付近まで10メートル以上も流れ下ったという。

現在も噴火とは関係なく、大沢崩れという崩壊が起きている。富士山西斜面に位置する大沢崩れは、山頂から標高2200メートル付近まで、長さ2・1キロメートル、最大幅500メートル、最大深度150メートル、面積およそ1平方キロメートルとなっている。総崩壊土量は、およそ7500万立方メートルと推計される。

また、静岡県や神奈川県にある活断層で、大きな地震があったときも、大規模な山崩れを起こす危険性がある。

富士山の山頂近くは35度を超える急斜面になっており、その表面は過去1万年の間に流出した溶岩流や溶結火砕岩が覆っている。内部は、それ以前に堆積したもろいスコリア層からなっており、富士山はそこからも巨大崩壊が起きる可能性を秘めている。

富士山のような山体上部が崩壊すると、崩壊物質は高さに対して8倍以上の距離を流れることが、ほかの火山の例からわかっている。富士山のケースに当てはめてみると、山頂から30キロメートル離れたところまで到達することになる。30キロメートル以内には、富士、富士宮、御殿場、富士吉田、三島、沼津といった各都市があり、東海道新幹線や東名高速道路なども通っている。また、南方に崩れた場合、崩壊物質が、駿河湾まで流れ出ることも予想される。

●駿河湾一帯を津波が襲う

富士山の崩壊した土石流が駿河湾に流れ込んだ場合、津波が発生する危険性も想定しなければならない。津波が起こるのは、地震のとき、震源地が海底にあったときと思われがちだが、大量の土石流が海中に流れ込んだときも発生する。

1792年の長崎県島原の雲仙岳噴火では、東端の前山（現在の眉山）が大崩壊し、大津波が有明海に発生。死者1万5000人以上という日本最大の火山被害を出している。

もちろん東海大地震でも、震源地が海底であった場合、津波は発生する。地震による津波の恐ろしさは、1960年に起きたチリ地震でも明らかだ。日本からみて地球の反対側で起きた地震は津波も発生させた。その津波は、太平洋をはるばる横断して日本を襲来。5〜6メートルの津波は、死者・行方不明者142人、倒壊家屋1599棟の被害を出した。

1993年の北海道南西沖地震では、震源に近い奥尻島に津波が襲い、北海道渡島《おしま》半島西部にも10分以内に津波が襲来、このときの被害は死者・行方不明者229人にも達した。

駿河湾沿岸は、北海道南西沖地震の被災地よりはるかに人口が密集しており、被害はその数倍、十数倍にふくらむ可能性は大きい。

現在の堤防は、5〜6メートルまでしか耐えられない構造になっており、10メートルを超える津波が発生したときは、駿河湾沿岸はかなりの被害が発生すると予想される。清水市、焼津市などでは、内陸2キロメートルまで津波が押し寄せると見る向きもある。

●火山灰で農作物は全滅！

火山灰の被害はさらに遠くまで及ぶ。火山灰は粒子が細かいため、偏西風に乗れば、東京まで3時間で到達してしまう。やがて火山灰は千葉市を通り超えて、太平洋岸まで達する。過去の噴火では東北地方まで火山灰が届いたという実績すらある。

東京では5センチほど堆積。より富士山に近い川崎・横浜では10センチから、場合によっては20センチ以上も火山灰が積もることもありうる。いってみれば関東平野はすべて、火山灰で覆われる可能性があるわけだ。

そうなると、まずこの地域の農作物は全滅。損害保険料率算定会がまとめた「火山災害の研究」では、西風の場合、神奈川県山北町など富士山の東側では、32センチ、あるいは100センチ以上の堆積を予想している。

現在も噴火を続ける有珠山でも、農作物に被害が出た。有珠山から北へ10キロメートル、洞爺湖の対岸、洞爺村では火山灰が30センチほど積もり、そこに雨が降って、灰が漆喰《しっくい》のように固まってしまったのだ。それによって、マメ、ジャガイモ、ビートといった農作物は全滅してしまった。

火山灰の被害はさらに広がる。まず、人体への影響。火山灰による呼吸器系の病気が多くなる。実際、宝永の噴火のときは肺炎が大流行したという。西風の場合は、4センチ以上の降灰が予想される地域に1100万人以上の人口が分布、西南西の風なら、2240万人の人口分布地域に降灰となる。

飲み水の不足も考えられる。首都圏の水がめである、相模川や多摩川の上流を、火山灰が汚染するようなことになれば、事態は深刻だ。浄水場も、火山灰のため機械が故障し、水道もストップ。下水道も灰詰まりになる怖れがある。

さらに、火山灰は粒子が細かく、密閉が不充分な空間には容赦なく侵入し、パソコンなどの電子機器も使用不可能に陥らせてしまう。桜島を抱える鹿児島県では、日常的に火山灰が降り注ぐため、対策は万全だ。機械やさまざまなシステムが火山灰に対応できるようになっている。

しかし、首都圏は火山灰対策などまったくとられていないため、電気は碍子《がいし》がショートして大停電となり、復旧までどれだけの時間がかかるか見当もつかない。電気は完全に使えなくなると思ったほうがいい。電話やメールといった通信手段も使えなくなる。

火山灰は、細かいわりに重量があり、住宅への影響も考えなくてはならない。住宅への被害は、火山灰の厚さだけでなく、比重、降雨の有無などによっても異なってくる。過去の例では、30センチで影響が出はじめ、100センチを超えると屋根の崩壊が起こる。300センチ以上になると建物自体が崩壊し出す。

西風が吹いたケースを想定すると、木造建物に被害が出はじめる32～64センチの降灰予想地域は、御殿場市周辺と神奈川県西部で、このあたりには木造住宅が6000軒以上もある。64センチ以上の降灰が予想される地域には、9500軒の木造住宅、木造住宅でない住宅にも被害が出はじめる。128センチ以上の降灰予想地域には、5400軒の住宅があるのだ。

◆宝永噴火の降灰状況◆

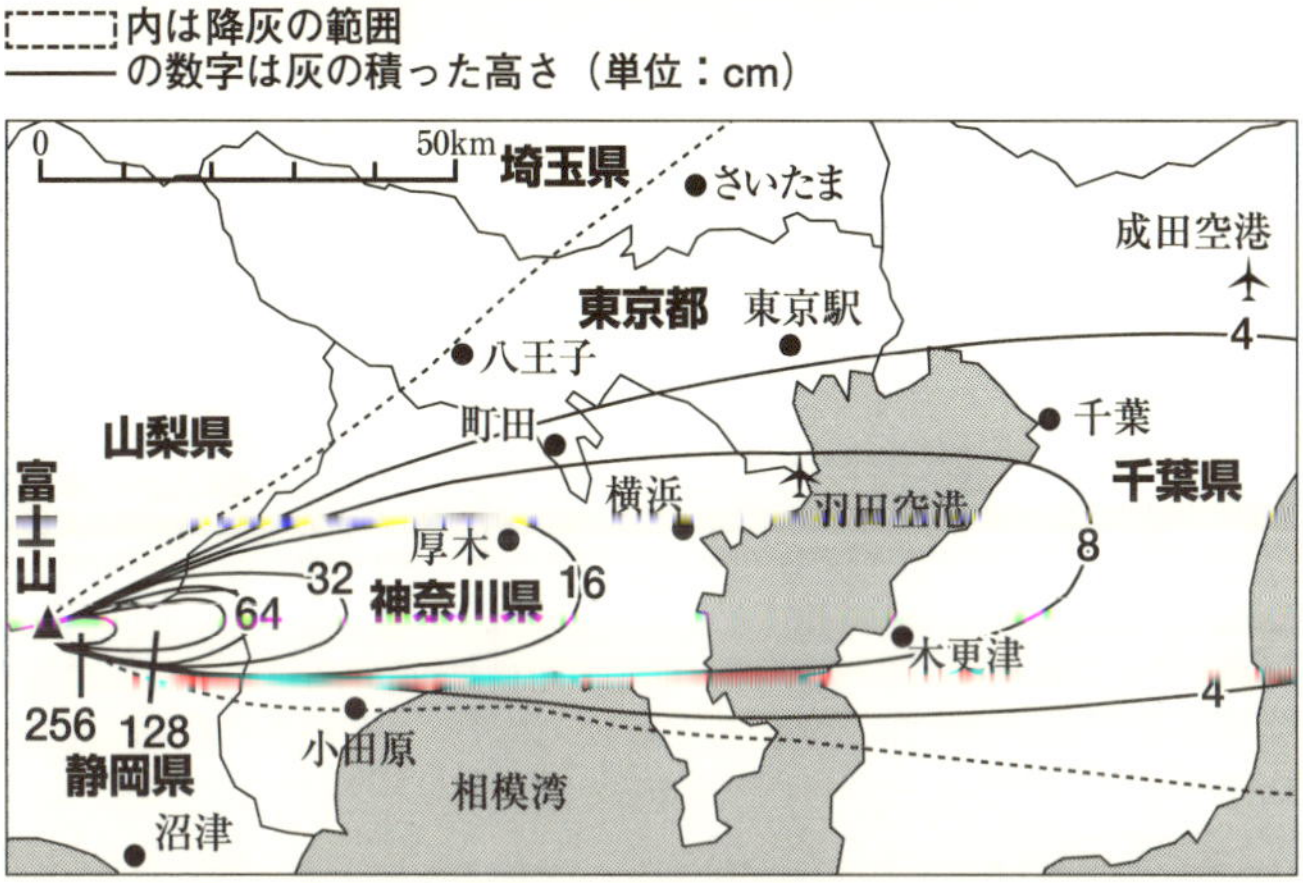

「火山災害の研究」（損害保険料率算定会）より、宮地直道氏の資料をもとに、宝永噴火の降灰状況を現在の地図に当てはめて作成

◆降灰の厚さによる被害状況◆

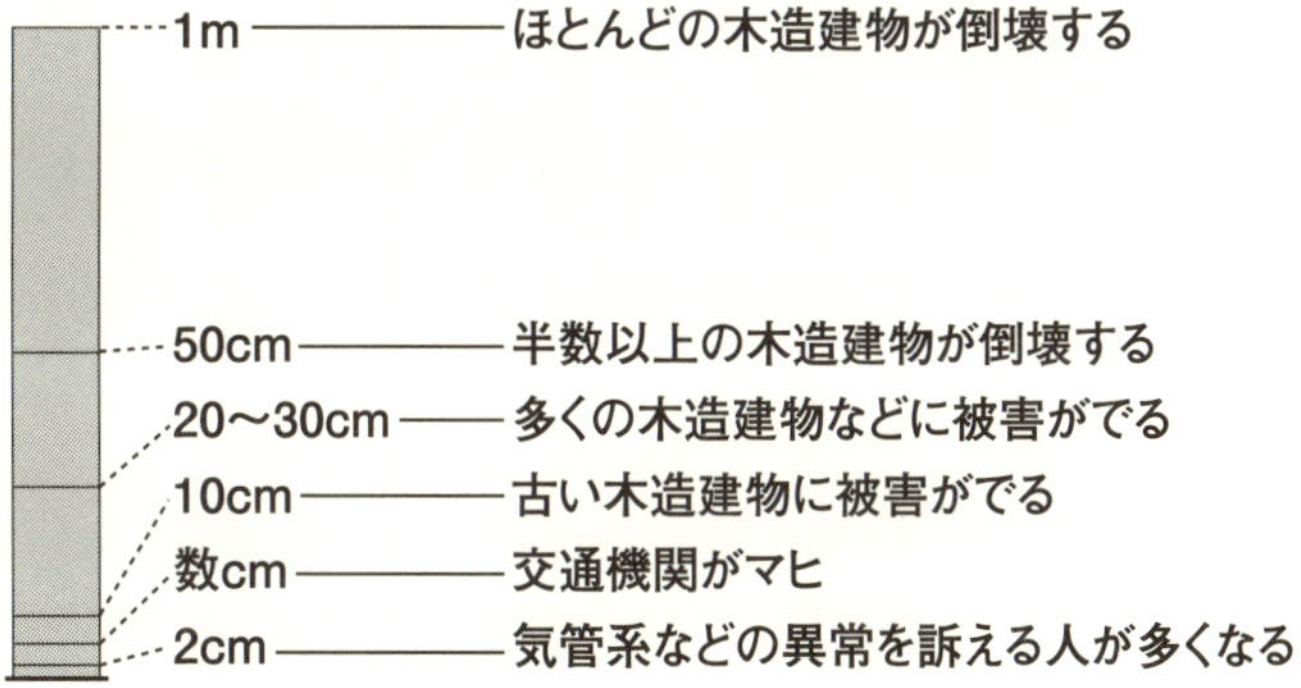

「有珠山火山防災マップ」（1995年）より

火山が噴火したときには、二酸化硫黄などを含む火山ガスが発生する。時折り温泉の近くでこの火山ガスが発生し、死者も出すほどの有毒なガスだ。

現在も噴火が続いている三宅島では1日あたり1～3万トンも放出している。この火山ガスは、風に乗って広範囲に広がる。広範囲に広がる分、濃度は薄くなって、直接人体に影響をおよぼすことはなくなるが、酸性雨をもたらす原因となる。

実際、三宅島の噴火以降、関東地方では2000年秋ごろから酸性雨が確認されている。とくに2001年の梅雨入り以降は急速に増加し、6月5日の横浜市では、降り始めの1ミリが、pH2・98、埼玉県では、6月になってから計3回の降雨で、pH3・5を下回る酸性雨が観測された。ほかにも、千葉県や埼玉県でも酸性雨が確認されている。

三宅島で発生した二酸化硫黄（SO_2）が、雨にとり込まれたと推測されている。

酸性雨が、長引くようだと、建物やブロンズ製のオブジェが溶けるなどの被害が出るが、さらに深刻なのが、農作物への被害である。酸性雨が降り注いだ土壌が酸性化し、農作物が育たなくなるというのだ。

三宅島が原因とみられる酸性雨では、まだ目立った被害は出ていないが、規模が大きい富士山の噴火では、被害が出ないともかぎらない。

◆西へ移動した東海地震の想定震源域◆

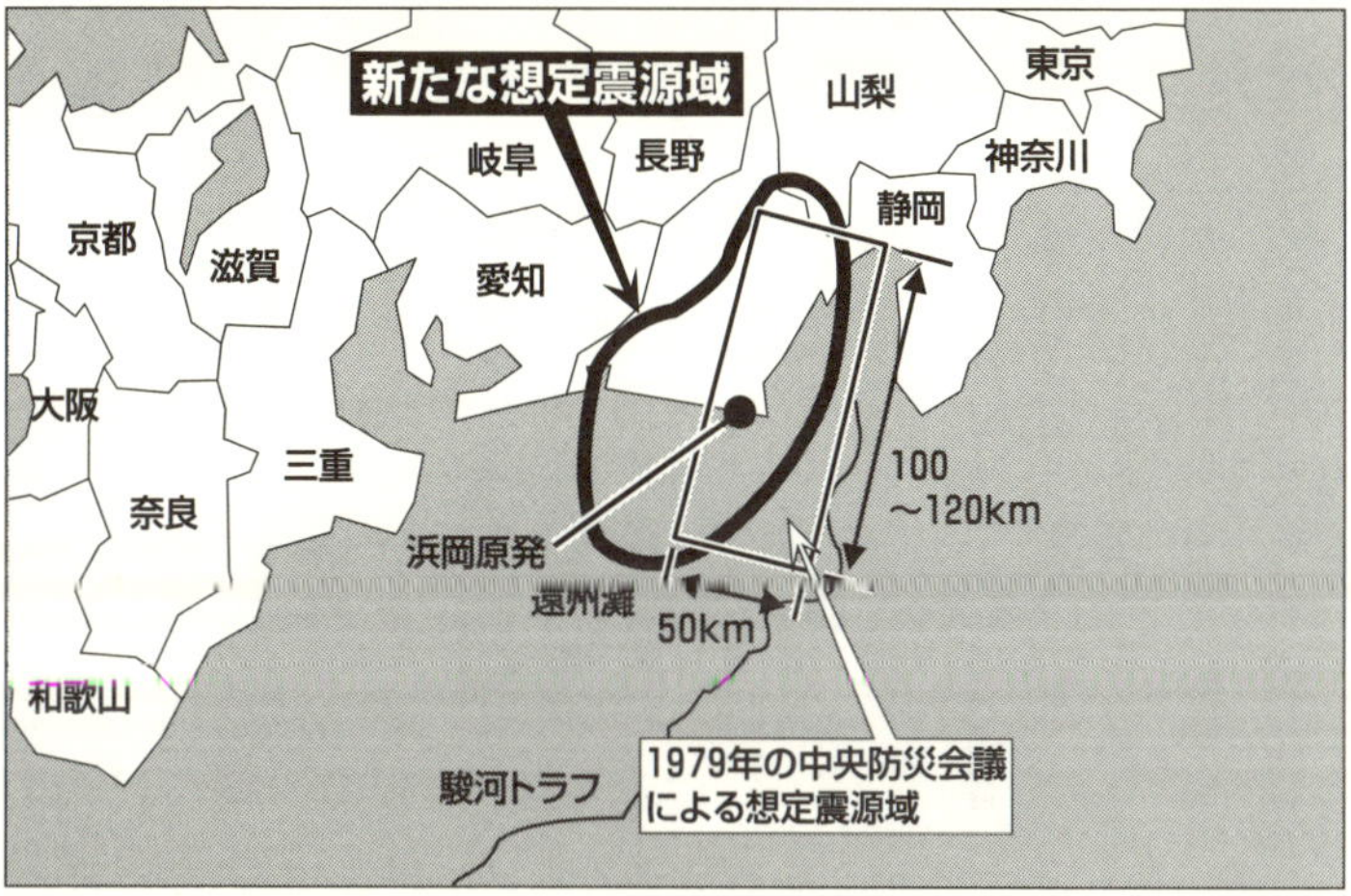

●原発は東海大地震でも本当に安全か？

2001年4月3日、静岡県で震度5強の地震が発生したことは前にも述べた。死者こそ出なかったものの、東海地震との関連を思い起こさずにはいられない地震だった。

歴史的にも静岡県は、大地震の起こりやすい地域だ。

1096年「永長地震」(M8〜8・5)
1498年「明応地震」(M8・2〜8・4)
1707年「宝永地震」(M8・4)
1854年「安政東海地震」(M8・4)
1944年「東南海地震」(M7・9)

と、巨大地震は数多い。

22年ぶりに想定震源域が見直されたが、その静岡県での東海地震の想定震源域を見てみると、そのなかに中部電力・浜岡原子力発電所があるのがわかる。原発の安全性には、とかく疑問符がつきまとう。「原発は、絶対安全」などという神話があるが、ロシアのチェルノブイリ原発での爆発事故と、その災害規模の大きさを考えると、とても安心していられるというものではない。国内でも2人の死者を出したJCO臨界「被曝死」事故の例からもわかるように、安全対策は絶対のものではないのだ。

まず、富士山噴火について考えてみると、富士山頂から浜岡原発までの直線距離は、およそ100キロメートルで、火山灰はともかく、重大事故を引き起こすと思われる溶岩流や火砕流がそこまで届く可能性はきわめて低い。ただし、富士山の山頂および山体で噴火が起こったときに限っていえばということになる。

繰り返し述べるが、静岡県近辺は、プレートとプレートの境界近くにあり、火山弧を形成している。つまり、どこに噴火が起こってもおかしくないのだ。事実、北海道・有珠山近くにある昭和新山は、それまで畑だったところに、いきなり噴火が起こり、火山が形成されている。まったく無視していいというものではないだろう。

地震対策はとられているというが、実態はどうだろうか？　もし、ある場所に巨大地震が襲ったら、原発はどうなるのだろうか？　よく、「原発は固い岩盤の上に建てられているから大丈夫」といわれているが、はたして本当だろうか？

実際、原発の地震対策はとられているものの、比較的近くで火山が噴火するなどということは想定されていないのだ。

原子力安全委員会の耐震設計審査指針では、直下地震の最大マグニチュードを6・5と想定するように定めている。つまりM6・5までは耐えられるというが、それ以上の地震が起こったときは、どうなるのかわからないのだ。たしかに原発は、M6・5を超える直下地震の発生源となる活断層は避けて立地されている。しかし、活断層は地表にあらわれていないケースや、風化して痕跡を残していないケースもあるので、過去にも活断層のないところでも大地震は起こっているのだ。

しかも、静岡県では前述したように、M6・5を超える大地震は繰り返し発生している。ちなみに中部電力では、M8・5まで考慮しているので、耐震安全性は確保されているというが……。

●原発が爆発したら死者は数千万人！

もし原発で大事故が発生するとどうなるのか。原発には、数千、数万という配管や配線があり、一部の機能に支障があっただけで爆発の危険性はあるという。原子炉がメルトダウン（炉心が溶けること）すれば、地下水や床の水と反応して、水蒸気爆発する可能性があるのだ。地下水との反応で水蒸気爆発が起これば、半径500〜1000メートルのクレーターができるほどの爆発の規模になる。

しかし、もっと恐ろしいのは、チェルノブイリ原発事故で大きな被害を出した放射能被害である。浜岡原発の3号機、4号機は110万キロワット出力の原子炉だが、事故を起こしたチェルノブイリ原発の原子炉（100万キロワット）と同じ規模だ。チェルノブイリでは、半径300キロメートル圏内に放射能被害が広がった。

実は原発の事故で、どんな規模の被害が出るかを想定した研究がある。1990年初め、京都大学原子炉実験所の故・瀬尾健氏が作成した「原発事故災害予想プログラム」である。

これは原発から漏れ出した放射能が引き起こす急性障害および晩発性障害（ガン）による予想被害を出したものだ。もちろん、事故が発生したときの天候や風向き、風速、原発の運転状況、避難開始時刻によって結果が異なってくるが、最大で40万人以上が急性障害で死亡、2000万人以上がガンで死亡するケースすら想定されているのだ。

チェルノブイリ原発では、300キロメートル離れた地点でも1平方キロ当たり40キュリー以上のセシウム137（放射性物質）が検出された。1キュリーでも、その放射能汚染地域に1年とどまり、あるいはその土地に1年以上あった食物を食べれば、人体に有害とされる。40キュリーともなれば、その地域に住む人々には倦怠感や無気力などの症状があらわれ、5〜10年後には白血病患者が出ることになる。子供は、もっと早期に影響があられ、3年以内に甲状腺異常、甲状腺ガンが発病する。さらに、15～20年後になって、内臓障害や脳障害の患者が多数出ると思われる。

●富士山噴火で世界的な冷害が起きる

火山の大噴火によって、火山性物質が成層圏まで達し、気候の寒冷化を引き起こすことは昔から指摘されていた。規模が小さい噴火であれば、噴煙は対流圏にとどまる。

しかし、1980年、アメリカのセント・ヘレンズ火山の大噴火、そして1982年、メキシコのエル・チチョン火山が大噴火してからは、気候への影響が指摘されることとなった。

1980年5月には、ヤント・ヘレンズ火山の噴火によるものと思われるエアロゾル層が、日本で急増したことが指摘されている。火山の噴煙が成層圏まで達すると、その中の二酸化硫黄や硫化水素は、水蒸気を含んでコロイド状の硫酸粒に変わる。これがエアロゾルだ。このエアロゾルは普通の塵とは違って、太陽の日射を吸収する。しかも、成層圏に達した噴煙は、水平方向に移動するため、横に広がりながら、1年から3年ほどかけて、地球全体をおおうことになる。このため、世界的な気温の低下を招く。成層圏に噴煙を巻き上げるほどの大噴火があると、全世界の15％以上の太陽光が遮断され、ほとんど例外なく北海道や東北地方に大凶作を引き起こしている。

エル・チチョン火山噴火のときは、噴煙は20日あまりで地球を1周、北半球全体の気温が0・4〜0・6度低下したという。

セント・ヘレンズ火山爆発の80年代初め、日本では空梅雨、冷夏、アメリカやヨーロッパでは記録的大寒波、旧ソ連やアフリカでは旱魃といった異常気象が相次いだが、その関連性に注目が集まった。

江戸時代では、東北地方を中心に大飢饉をもたらした天明〜天保にかけての大冷害は、小氷河期の終わりだといわれているが、これも浅間山の大噴火と結びつける向きもある。

富士山で大規模な噴火が起これば、世界的な冷害をもたらす確率は非常に高いといえる。そうなれば、農作物に多大な被害が出て、相当数の餓死者が出る。その被害者数は数千万人とも数億人とも予想すらできない。

4章

ライフラインの機能マヒで住民パニック！

――ガス、水道、電気、交通手段、そして情報は……

●断水は避けられない！

災害にともなうライフラインの被害について検証してみたい。

震災と火山噴火では、被害の実態は異なるが、やはり阪神・淡路大震災などを例にとって考えてみよう。

まず水道は、震災における被害としては管路の損傷があげられる。阪神・淡路大震災では震災直後におよそ130万戸が断水、復旧に2カ月半かかった。その間、給水車で水を供給。地震による被害は、大きくてもその程度と推定される。

噴火での被害としては、前述した火山灰で、長引けば深刻な問題になる。各都道府県でも震災に対しての対策は講じているが、火山灰対策はほとんどとられていないのが実情だからだ。くみ置き水にしても、飲料水だけで1日あたり1リットル必要だが、断水が長引けば、カバーし切れるものではない。

災害後に困るものとして、意外に盲点なのがトイレだ。水道が使えず、わずかな水も飲料水として優先されるため、トイレに回されることはない。阪神・淡路大震災のあとでも、水洗便所が使えずあっというまに、トイレは汚物の山になった。運動場に穴を掘って、シートで囲い、仮設のトイレを作って急場をしのいだものの、すぐに満杯になって使えなく

阪神・淡路大震災で根元から倒壊した阪神高速道路神戸線（1995年1月）

なる始末。これが、さらに人口密集地での災害で水道が使えなくなると、もっと悲惨な目にあうことは間違いない。

なお、阪神・淡路大震災以外での、主な地震による水道施設被害と復旧期間は次のとおり。

１９７８年の宮城県沖地震では、宮城県内で６万６０００世帯断水。早いところで即日、遅いところで11日間で全面復旧。１９８３年の日本海中部地震では秋田、北海道、青森で４万３０００世帯断水。早いところで即日、遅いところで21日間で全面復旧。１９９３年の釧路沖地震では北海道、青森で２万２００0世帯断水。早いところで即日、遅いところで６日間で全面復旧した。

電力施設はどうだろうか？　阪神・淡路大震災ではおよそ１００万戸が停電。応急送電の体制が整って、関西電力の管内全域で停電が解消したのは、1週間後の1月23日だった。災害後、電気が止まれば、生活面で不便があるだけでなく、信号機の停止による交通渋滞や街灯が消えて夜間は暗闇となり、治安の悪化が懸念される。

ちなみに阪神・淡路大震災以外での電力被害と復旧期間は、次のとおりになっている。1978年の宮城県沖地震では96万戸が停電し、完全復旧は3日後。1993年の釧路沖地震では5万7000戸、完全復旧は24時間後だった。

さらに電力施設の被害で怖いのは、電気による火災発生だ。電気を消し忘れて避難して火災が起きたり、あるいは、切れた電線で感電したりする危険もあるので注意しなければならない。

ガスに関しては、火災などの二次災害を避けるために、供給は迅速に停止される。阪神・淡路大震災では、やはり広域にわたって、配管の損傷などでガス供給が停止。3カ月後の4月20日になって、ようやくガス供給が再開された。宮城県沖地震では、およそ1カ月後、釧路沖地震ではおよそ3週間後に、ガスが供給されるようになった。

復旧を早くするため、都市ガスの配管にプロパンガスを供給するなどの対応策もとられるだろう。実際、阪神・淡路大震災のあとでは、病院など緊急を要するところでは、プロパンガスで代用するケースが多かった。

●完全に機能マヒする陸、空の交通網

道路に降り積もった火山灰のため、自動車は動けなくなる。その前に、火山灰のため、車はエンジンもかけられない状況になる。

富士山近くの東名高速道路、中央自動車道は、噴出物で完全にストップ。西風なら東名高速道路・御殿場付近では1メートル近い火山灰で覆われると思われる。西南西の場合は、東名高速・川崎インターチェンジ付近で10センチ前後、中央高速道路・八王子付近で16センチ以上の降灰という予想もある。

少量の火山灰でも、スリップ事故を引き起こしたり、信号機のトラブルを引き起こしたりする。

火山灰が西風に乗れば、東海道新幹線、東海道線も、横浜以東で数センチ、中央線は相模湖周辺で16センチ以上、八王子―横浜間で8～16センチの灰が堆積する。さらに、東北新幹線、上越新幹線にも影響が出て、東京―大宮間で8センチ以上の灰が堆積する。

東海道新幹線も線路が溶岩流などで埋もれてしまっては、車両を走らせることはできない。それどころか、復旧の見込みすら立てられない。日本の大動脈ともいえる、東海道新幹線、東名高速道路が、使えなくなってしまうのだ。

ちなみに阪神・淡路大震災では、地震発生当日中に運行を再開できなかった区間は、京都—岡山間219キロ。全線が開通したのは、震災発生から3カ月近くたった4月8日のことだ。在来線にいたっては、全面開通したのは、半年以上が経過した8月23日のことである。ただし、これは地震のケース。噴火の場合は、いつ災害がおさまるか見当もつかないため、復旧工事すらメドが立たないだろう。

空の便はどうだろうか。成田空港にしろ、羽田空港にしろ、火山灰が堆積している間は、閉鎖せざるをえないだろう。

西風なら羽田空港で4センチ以上の降灰、西南西の風なら成田空港で4センチの降灰という予想がある。その間は、空港への離着陸は不可能となる。航行中の航空機も、降り注ぐ火山灰のために、エンジントラブルを引き起こす。首都圏の交通機関は完全にマヒしてしまうのだ。

2000年3月の北海道・有珠山の噴火の際には、1万3000人あまりの住民に「避難指示」が発令された。住民は、マイカー、バス、警察車両などに分乗して、西に隣接する豊浦町に向かって大移動。しかし、唯一逃げ道である国道37号線は、大渋滞となって、なかなか進むことができなかった。

火山灰が首都圏を襲って交通マヒ状態になったとき、それが平日の昼間であれば、東京都だけで、およそ3700万人もの人間が帰宅困難となると予想されている。首都圏に住む数千万もの人間が、たとえ移動できたとして、どこへ逃げればいいのだろうか？　鉄道、道路はほとんど使用不可能になった状況で、逃げることも困難を極める。

●食料パニックで暴動騒ぎ!?

首都圏の農耕地は火山灰のため、最悪の場合、ほとんどが全滅。数センチの火山灰で影響が出はじめ、30センチで壊滅的な被害となる。西風の場合、神奈川県だけでも、32センチ以上の火山灰降灰が5％、4センチ以上では、80％以上にも上る。たとえ、農閑期であっても、土壌が酸性化してしまうなど深刻な影響は長期化する。

それに加えて、大動脈である東名高速道路をはじめ、首都圏に通じる主な幹線道路がストップしてしまえば、食料の確保が困難になる。

緊急用に備蓄してある食料が、はたして住民に行き渡るかどうかも未知数だ。食料を運ぶ車両が使えず、限られた輸送手段はヘリコプターということになるが、輸送量はかなり限定されたものになる。だいたい、緊急用の食料は大震災を想定したものであり、火山災害のように10日も20日も続くことは想定していないのである。

食料品店は、売り惜しみに走り、たとえ売り出されても、異常な高値がつけられる。コンビニに客が殺到し、その勢いがそのまま暴動に発展してもおかしくない状況になる。

●通信網も機能不全！

地震や噴火などで大規模災害が発生したときは、被災地に安否の情報を問い合わせる電話が集中する。そのため、多数の人が電話に殺到するため、つながらない状態になる（この状態を「輻輳《ふくそう》」という）。

そのうえ、阪神・淡路大震災のときのように電源施設が損壊し、交換機も使用不能となるなかでの輻輳では、ほとんど電話回線は使用不能と考えていい。阪神・淡路大震災のとき、朝6時台では、平日の71倍もの電話がかけられたという。

災害時には、一般電話より公衆電話がかかりやすくなる。ただし、カード式の電話は停電で、コイン式の電話も、コインが満杯になってしまえば使用できなくなる。

過去の震災でも、電柱、ケーブルなどに被害が出て、長い例では、回線が復旧するまでに1カ月近くかかったケースもある。

では携帯電話は大丈夫かといえば、携帯電話も同様に、アンテナ施設が損壊したり、電話が殺到したりすれば、つながりにくくなる。阪神・淡路大震災当時、携帯電話が有効であったとされているが、当時はまだ携帯電話の普及率が低く、現在の状況とはまったく異なるため、参考にはならないだろう。

インターネットにしろ、被災地のインフラが破壊されたままであれば、まったく意味をなさないのが実状だ（通信の手段に関しては5章125ページ参照）。

銀行のオンラインは、電気系統がマヒしているため使用不可能。通帳と印鑑でおろすしか手立てはない。もっとも、銀行そのものが倒壊して、業務ができるかどうかも問題になってくるのだが……。

銀行に記録されている預金などのデータは、ほとんどの場合、首都圏だけではなく大阪支店などにも分散して保存しているので、預貯金が完全にダメになるということはない。また、預金通帳や印鑑、カードを紛失・焼失したとしても、預貯金は保護される。災害救助法が発令されると、通帳や印鑑がなくても、本人であることが確認されれば、20万円まで引き出せる。

郵便局もほぼ同様の措置がとられる。ただ、罹災証明書などが必要であったりする場合があり、その証明書を発行してもらうのに、役所に長蛇の列ができたり、金融機関に取り付け騒ぎが起きたりするほうが怖い。

そのため治安もかなり悪くなるとみていい。警察や自衛隊が、どこまで治安維持できるか。首都圏以外からの応援が、いつ到着するかによっても状況は変わってくる。その際、水と食料を住民に行き渡らせるようにできるかどうかも、重要なポイントになってくる。

●地下やトンネル、高層ビルの被害は？

地下やトンネル、高層ビルの中にいたとき、大地震が発生したらどうなるだろうか。

一般に、地下やトンネルは、地上に比べて揺れは小さくなるとされている。阪神・淡路大震災でも、地下街での大きな災害は発生しなかった。ただ、揺れそのものよりも、火災やパニックによる二次災害のほうが怖い。パニックに陥った群集が、地上の出口をめがけて殺到すると、死傷者が出る可能性は大きい。

阪神・淡路大震災では、地下街では大きな被害は出なかったし、地下鉄も始発前だったこともあり、人的被害は出なかった。それでも壁のコンクリートや天井が崩れ落ちたり、天井を支える柱の13％になんらかの損傷が発生した。東京の地下鉄網は、神戸とはその規模において比較にならないほど広範囲で、もし、ラッシュ時に大地震が発生したときは、人的被害は避けられないだろう。

さらに怖いのが、狭い空間での火災発生だ。トンネル内での車の事故による火災発生は大きな被害をもたらす。トンネル内の火災で最悪のケースだったたは、１９７９年に起きた日本坂トンネル（東名高速道路、下り線）での火災だ。２０４５メートルあるトンネルの出口からおよそ４２０メートル付近で、乗用車やトラック6台が追突事故を起こし炎上、火災が発生した。トンネル内で次々に延焼し、実に1000メートル、167台もの自動車が燃えてしまったのだ。

車の走行中に、大きな揺れが起きたときは、ハンドルをとられ、重大事故が起きやすくなるので十分注意しなければならない。

高層ビルに関しては、比較的安心という評価がなされている。とくに超高層ビルは、鉄骨の柔軟性によって揺れを吸収するという「柔構造」がとられていて、阪神・淡路大震災でも大きな被害は出なかった。ただ、中層マンションでは、倒壊が数多く発生し、被害を大きくしている。倒壊するかどうかの見極めは、そのビルが建築された年代をチェックすることである。1971年と、1982年に建築基準法が改正され、耐震規制が強化されたため、新しいビルほど地震には強いということがいえる。

一戸建てでは、耐震設計がなされているかどうかが、被害が大きくなるかどうかの境目になりそうだ。

また、エレベーターに乗っているとき、大地震が発生したらどうなるだろうか。

新しいエレベーターであれば、地震感知装置がついているため、自動的に最寄りの階に止まってくれる。地震感知装置がついていない場合でも、全ての階のボタンを押し、止まった階で降りることも可能だ。

1978年の宮城県沖地震でも、宮城県内にあった2069台のエレベーターのうち、

365台になんらかの被害が発生、うち53件が缶詰事故だった。

日本エレベーター協会の推測では、大地震のときは、都内だけでおよそ700件の缶詰事故が起こると推測している。

缶詰事故が起こった場合、救出するのは、エレベーターがある建物の管理者の作業ではなく、エレベーターのサービス会社の仕事になっている。事故があった建物の管理者から連絡を受けたサービス会社が、社員を派遣するのだ。しかし、大震災後では、電話は使いものにはならず、また、サービス会社でも被害を受けているケースも想定される。

ちなみに宮城県沖地震では、電話がつながらず、サービス会社への連絡は、オートバイ、自転車、徒歩などで行なわれた。

●日本の経済活動がストップする

首都圏の交通・通信やそのほかインフラが完全にマヒしてしている以上、日本の経済活動もマヒすると考えていい。首都圏にある工場は操業停止、企業も社員が動きがとれないため、活動を停止したまま再開のメドは立たなくなるだろう。

三宅島の噴火は、全島民が避難したため、島内の産業は事実上全滅。北海道・有珠山では、農家が被害にあい、観光業者が多大な被害を受けている。

首都圏が、火山灰そのほかで機能がマヒした場合、その被害の規模はケタ違いのものになるのは確実だ。デフレ不況に陥っている日本経済は、完全にとどめをさされる結果となり、株価はどこまで下落するかわからない。日本発世界大恐慌の引き金にもなりかねない。

地震や噴火の被害といえば、直接被害で壊れた建物などの被害額が大きく取り上げられるが、その後の経済活動ができなくなることの経済的損失も大きい。たとえば、阪神・淡路大震災のときは、建物などの被害額が10兆円に達したのに対し、その後、営業ができなくなったなどの被害で10兆円を超えたのはわずか半年後だった。

富士山や東海地方は、一大観光地だけに、直接被害はわずかでも、観光客の減少による被害は大きなものになると予想される。「富士山が噴火するのでは?」といった噂だけで、観光客が1割減になった「風評被害」も過去には起こっている。伊豆の群発地震では、やはり観光客が激減し、地元観光業に大打撃を与えたケースもある。

噴火や大地震が起きなくても、被害が起こるわけだから、実際に大地震が発生したときの被害は計り知れない。なにしろ、多くの産業が操業停止になってしまうのだから、倒産が相次ぎ、失業者もケタ外れに増加する。富士山の山体でも崩壊すれば、観光地としての価値も大きく下がることになる。

東京まで被害がおよんだとき、東京とその近郊に産業の基盤を置いている企業の中には、生き残りが難しくなる中小企業が続出するだろう。

●病院でも助かるとはかぎらない

大規模災害のときは、ケガ人や死者が多数でて、病院もパニック状態になる。受け入れる側の病院も、大量のケガ人を収容し、応急手当てをする体制にないからだ。医者も看護婦も、そして医療器具や薬にいたるまで、不足した状態になる。病室や診察室に入りきれないケガ人が、廊下まであふれる。平時であれば、ふつうに治療を受け、助かったであろう程度のケガでも、医者の手が回らずに、命を落としてしまう人も多数出てくる。こうなったら、運・不運で助かるか助からないかが決まってしまう。

阪神・淡路大震災のときは、医者では手が回らず、看護婦が手当てをしたり、麻酔薬が底をついて、麻酔なしで手術したりしたケースもあったという。

被災地には、当然、大量の医薬品を抱えて医療チームが派遣されるが、交通網が遮断されて現地入りするのに時間がかかり、その間、命を落としてしまうケガ人も多くなる。

死者にいたっては、しばらく放置されたままの状態になるだろう。死者多数のときは、火葬場も目いっぱいとなり、荼毘に付すのにも数週間から最悪、数カ月も待機しなければならないケースが出てくる。

5章

災害から身を守るサバイバル術

――生死を分けるカギは冷静な状況判断

●被災時のサバイバルとは

アウトドアライフの知恵は、サバイバル生活に重要である。しかし、被災時のサバイバルは、「火をおこしたり」「カマドを作ったり」「野外料理の作り方」ではない。

知らないより、知っていたほうがいいことはもちろんだが、平時から近所づきあいをよくしたり、家族で避難場所を取り決めたり、駅の構内でもビルの中でもつねに、「もしいま、地震がきたらどうするか」逃げる方法を考えておくことである。

「人間はいつか必ず死ぬ」と達観することも必要だが、死なずにすむところを、無策であったためにムダ死にするケースも考えられる。つまり、気が動転してわれを忘れて取り乱すことのないように、さりとて逃げたり危険から身を避けることを、「卑怯」だとか「情けない」とか思わないようにしたい。

自分が第一と考えることは恥ずかしいことではない。だが、そのために不公正な手段を使ったり、他人はどうでもいいと思って行動すると、思わぬとばっちりを受けることにもなりかねない。道徳的にというだけではなく、その選択がけっきょく自分にとってプラスにならないことがよくある、という意味である。

災害にあったときには、どんな対処をすべきか——。この章では、一歩間違えば命取りにもなりかねない災害時の心得を、具体的に説明したい。

●家から逃げるときにやっておくべきこと

富士山噴火災害の場合、低周波地震の多発や火山ガスの異常などの前兆活動が続いたあとに、火砕流、溶岩流をともなう噴火があると予想されるため、災害が突然襲ってくることはないかもしれない。しかし、普賢岳、三宅島などの例からもわかるように、噴火災害は短時日では終息しない。いったん収まったかに見えて、再度の噴火があったり、水蒸気爆発などがあったり、数カ月から年単位の長期戦になるケースが多い。

降下火砕物、降灰については、ヘルメットや防塵マスクなどの手立てが講じられるが、火砕流、溶岩流には手立てはない。溶岩流には、地面にトレンチを作り溶岩流の方向を変えるとか、溶岩流の先端に放水することによって溶岩を食い止めるなどの方法があるが、個人のレベルで対処できる手立てではない。手立てのない災害からのサバイバルは、危険から逃げることしかない。

しかし、長期にわたる噴火災害のどの時期に「逃げる」べきなのか、何時まで逃げればいいのかは、難しい問題である。可能であれば、「噴火が確認」された時点で、「逃げる」算段をしたほうがいい。

家を出る場合は降灰被害を考慮して、窓ガラスやベランダなど、外部から空気が入り込む隙間は、ガラス繊維入りのガムテープで目張りをする。窓ガラス、ベランダなどの目張りのほか、コンピュータ機器にはビニールなどの覆いをかける。火山灰は粒子が細かいので完全に密封する。

富士山噴火が秋以降で山に雪がある場合、融けた雪水によって川の水位が上がり、土石流が起きる。谷あいの集落などでは泥流・土石流のことも考慮しておかなければならない。火砕流・溶岩流・土石流に呑み込まれないように家の補強をするか、家を出る時点で「捨てる」覚悟をするかになるだろう。ついで、窓ガラスが割れて飛散することを防ぐためには、ガラス一面にシートを貼ることをおすすめする。

噴火災害にかぎらないが、災害による被害が大きくなるのは、火災である。通電による火事は意外な盲点だ。災害によって電気が止まった場合、アイロンや電気ストーブなどにスイッチを入れたままだと、電気供給が再開された時点で通電火災が発生する。通電火災を防ぐには家を出るとき、ブレーカーを落とすこと。阪神・淡路大震災では事後の火災が多かったが、通電火災も多かった。

石油ストーブも転倒したり大きな震動があったりしたときは、自動消火装置が働くことになっているが、火は消えても天板や胴体部分に高熱が残るため、カーテンなどが触れて火事が発生することもある。石油ストーブに可燃物が触れることのないよう、注意が必要である。家を出る場合、ガスの元栓を必ず閉めることも、もちろん不可欠である。

電話も地震によって受話器が外れたままだと、回線の混雑に拍車をかけ、地域の全ての人々に迷惑をかけてしまうことになる。家を出るときには、受話器が外れていないか点検し、外れないように固定しておくなどの工夫も必要だろう。

●冷静に状況を把握せよ！

災害が大惨事につながるのは、多くの場合「冷静さ」を失うことによってもたらされる。被害を最小限にとどめるため第一に必要なことは、パニックに陥らないことである。暗闇や群集の中での悲鳴はパニックにつながる。自分自身は冷静でも、群集に巻き込まれると、転倒しただけでも大惨事につながってしまう。迅速な行動、手際よく次の行動に移ることと、焦って慌てて走り出すこととは異なる。火災などの災害が刻々と近づいている場合でも、極力落ち着くように自分にいい聞かせよう。

第二に、デマに惑わされないこと。いくら進歩した現在の科学でも、災害を日付や時刻入りで予知することは不可能である。「何時間後に……」「何日後に……」などということは、ありえないと知っておくべきである。阪神・淡路大震災の場合、あちこちの避難所で小さなデマは無数にあった。デマが怖いのは群集心理による集団の暴走だ。デマを発信した人も、デマのためのデマをいいふらしているわけではないことだ。人づてに話が伝わるうちに、具体的な日付が入ったり、でたらめな数値が勝手に加えられたりして、もっともらしいデマ情報になっていく場合が多い。噂や出所の明らかでない予測情報は、役所やメディアに確認すべきである。

第三に、火災を防ぐことである。「グラッときたら火の始末」といわれているが、震度6以上の揺れでは、「グラッ」ときた時点での火の始末は不可能だ。無理して火元に近づくとかえって火傷を負いかねない。ただし最初の「グラッ」はどの場合も1~2分以上続かないから、いったん小康状態になった時点で、ガス栓を閉める。

炎がガステーブルの上にまで拡がったとしても、なるべく消火器で消し止める。近所の人の助けを借りても、その段階で火を消し止めることが、惨事を最小限に食い止めることにつながる。消火器は平時から備えつけておくことが望ましい。

消火器がない場合、フトンや毛布などをかぶせるのもひとつの方法である。ただし、かぶせたフトンや毛布の隙間から空気が入り込めば、それらに火が移って燃え上がる危険もある。フトン、毛布でとりあえず炎をおさめたら、その上から水をかけて確実に火を消さなければならない。手軽で便利な消火器としては、火の中に投げ込むタイプのものもある。

炎が天井に達するほど拡がった時点では、一般人には手のほどこしようがない。消防署に助けを求め、逃げ出す算段を考えたほうが賢明だろう。

●公衆電話のほうがつながりやすい

一時に電話が集中すると、システムダウンを避けるため自動的に通話規制がかかり、電話がかかりにくくなる。通話規制は、電話が集中する交換局ごとに負荷を回避するために行なわれるので、同一県内であっても地域によって不通になる所と、通じる所が出てくる。そのほか、電話が不通になるケースは、地震によって、回線そのものが直接的に被害を受ける場合や、家屋などの倒壊によって電話機が壊れてしまう場合、停電によって多機能電話が使用不能になる場合などがある。

ただし、液晶表示や子機など電気によっての「多機能」部分は機能しなくなっても、回線が生きている場合は、電話そのものは使用可能である。コンピュータに接続されている場合、停電によって電源が入らないのだから、インターネットは使えないが、コンピュータを経由して接続されている電話は使える。

ターミナルアダプタやルーターは、停電になるとアナログへの変換機能も失われてしまう。したがって、ターミナルアダプタやルーターから配線されているアナログ電話は、回線が生きていたとしても使えなくなってしまう。ターミナルアダプタやルーターを経由しないで電話機と直接ケーブルをつないでも、ＩＳＤＮはデジタル回線のため通じない。

ターミナルアダプタやルーターの中には、停電対策としてアルカリ乾電池を入れておくタイプのものもあるが、電池での作動時間は数時間でしかない。

もっとも富士山噴火および連動する地震によって、ライフラインも止まってしまう惨事の場合、家庭内にとどまって電話を使用する状況ではないことが考えられ、停電時の電池による作動が数時間であっても、緊急対応としては十分だと考えられる。以上がＮＴＴ東日本の広報部の見解である。

しかし阪神・淡路大震災の場合、停電は地域によって1〜2週間におよんだ。たしかに家屋の倒壊や火災などで、避難せざるをえない状況下で、家庭内にとどまって電話を使用することは考えられないが、震災後、多くの家庭では家屋の一部が倒壊したり、いびつに傾いたりしたまま生活することを余儀なくされた。その時点でもまだ停電が続いているとすれば、家庭内から電話をすることも十分に考えられる。

ターミナルアダプタやルーターの停電対策が、「電池による数時間でも支障がない」と断言していいものだろうか。

ＩＳＤＮを鳴り物入りで広めてきたＮＴＴだが、停電対策としては、もう少し検討の余地があるのではないだろうか。

同じく高速回線のＡＤＳＬの場合はアナログ回線だから、ジャックに電話機のコードを直接つなげれば使える。ＡＤＳＬとしての、インターネットの高速回線はもちろん使えなくなる。

回線が集中する被災地域内だと、受発信ともにかかりにくくなる。また、遠距離と近距離でも回線が異なるため、どちらかといえば、迂回路が確保できる遠距離や国際電話のほうがかかりやすくなる。家庭電話より公衆電話、通常の通話よりコレクトコールや110番通話などの特殊通話のほうがかかりやすい。これも、それぞれ回線が異なり、回線のパンクを避けるための発信規制が、前述の電話回線の順になるからである。

公衆電話のほうが家庭電話より緊急連絡性が高く、特殊通話のほうが普通の通話より規制がかかりにくいからである。ただNTTの公式見解としては、特殊通話であっても同一の交換局を経由する場合、規制は同じで、消防や警察関係の特殊電話の場合のみ回線が確保されるとのことである。

停電の場合、公衆電話のテレホンカードや100円硬貨を識別する機能は不能になり、10円硬貨しか使えなくなってしまう。携帯電話は停電の場合、アンテナが機能停止してしまうことがありうる。

ただ、たいていの基地局は自動発電装置をもっているから、機能停止後でも1日ぐらいは作動する。停電が1日以上続けば不通になるが、停電直後ならつながる。ただし回線が集中すればつながりにくくなることは、家庭電話、公衆電話と同じである。

通信手段としては、アマチュア無線もある。もちろんこれも中継局などが地震の被害を受けると交信しにくくはなるが、電波が伝わるかぎり交信が途絶してしまうことはない。実際、阪神・淡路大震災では、アマチュア無線が、各避難所で物資輸送や安否情報などの交信にボランティアが大活躍をした。ただし誰もが機器を持っているわけではないから、一般人の通信手段とはいいがたい。

直接人が介在して行き来することも、通信手段だ。家屋倒壊、火災、交通マヒのなか、行き来する有効な手段は、徒歩、自転車、ミニバイクなどである。

宅急便や郵便局のハガキ、手紙、小包などはどうだろうか。佐川急便やヤマト運輸は被災地の営業所が壊滅しないかぎり、阪神・淡路大震災でも活躍した。富士山麓の市町村、首都圏での対応も同じことになる。郵便局も事情は同じである。携帯電話やインターネットの時代でも、ハガキや手紙などは、着実な通信手段かもしれない。

●まず飲料水を確保せよ

ふつう、健康体の人であれば、食料がなくとも水さえあれば、飢えでそう簡単に死ぬことはない。1日ビール瓶1本程度（約630ミリリットル）の水さえあれば、人間は半月程度生き抜くことも可能だ。そのためには、まず水の確保が、生き延びるために最低限必要なことである。

食料の救援は輸送体制が回復しさえすれば期待できる。被害の程度によるので予測は難しいが、東京都の防災計画では、被災1日目はそれぞれの区の備蓄を充て、2日目は都の備蓄を、3日目からは輸送により救援物資に頼ることが可能だと推測している。仮に各家庭内に家族の3日以上の食料備蓄があったとしても、避難する場合にはそんなに多量な食料の持ち運びは不可能である。

噴火・地震で電気、ガス、水道などが必ず止まるとはいい切れないが、対応をシミュレーションするならば、それらの供給が止まることを前提に考えていたほうがいいだろう。

異常が感知された場合、送電は自動的にストップされるから、断線して垂れ下がった電線に触れてもただちに感電することはない。ただし、触れても「安全」だと喧伝することはしないでほしい、というのが東京電力広報部の見解である。

電線そのものはビニールで絶縁されているが、中が剝き出しになっていたり、触る部位によって感電したりするからである。垂れ下がった電線には触れてはいけない。電線が水溜りに浸っている場合、その水溜りに入ることも危険である。電柱は関東大震災級の地震には耐えられる構造になっているとのことだが、関東大震災はM7・9、震度6弱だから、それ以上の巨大地震は想定していないことになる。

電柱自体は関東大震災級の震度に耐えられても、家屋やそのほかの建物の倒壊によってどの程度耐えることができるかは異なってくる。阪神・淡路大震災の場合、実際に電柱が傾いたり、折れ曲がったりしている光景が見られた。電柱と電線には十分な警戒が必要だろう。

ガスは、震度5以上の地震が起きると、自動的に各家庭のマイコンメーターが働き、自動的に供給がストップするようになっている。

さらに3〜10万世帯の中ブロックごとに、地震センサーが地区内の建物やガス管の被害を測定し、ブロックへのガス供給がストップするのである。その上の大ブロック（約50万世帯ごと）でも、ブロック内の地震計が一定以上の値を記録した場合は、そのブロックのみをほかのブロックから切り離したうえで、大きな被害が発生したブロックのガスの供給をストップすることになっている。

つまり、ほぼ3段階の防災体制が敷かれ、ガス事故、ガス爆発は未然に防がれる体制になっている（これは東京ガスの場合だが、安全性に対する配慮はどの地域でもほぼ同様である）。

問題はこの項の冒頭で述べた飲料水の確保だろう。阪神・淡路大震災以来、ポリタンクに水を備蓄する家庭が増えてきているが、それだけの水を持っての避難は現実的ではない。

東京都の場合、23区それぞれに指定避難所があり、応急給水槽があるが、現実にはどれだけの避難民に応えられるのだろうか。降灰による影響も前に述べたとおりだ。また、各家庭での備蓄も必要だが、殺菌剤つきの携帯用濾過器を用意しておくと便利である。

●首都圏から逃げ出す方法

災害規模としては、噴火による直接被害というより、連動する地震の影響のほうが大きいと予想され、静岡県・浜岡原発に被害が生じれば、影響はチェルノブイリ以上といわれ、日本全土に被害がおよぶことになるだろう。

仮に原発事故が起きた場合は、事後に首都圏を脱出しても意味はない。爆発事故直後に外国に避難すれば被害を免れる可能性はあるが、その時点で交通が寸断され、ライフラインも山梨、静岡県を中心に絶たれていて、連動する地震の被害が首都圏にまでおよんでいることを考えると、事前に外国に飛び立つ予定があり、すでに空港にいた人以外、国外に避難するのは困難だろう。

噴火災害でも、羽田や成田の滑走路・管制塔などの空港施設に降灰の影響は当然出てくるし、火山灰が航空機のエンジン故障やレーダーなどにも支障をきたす例は、これまでも報告されている。したがって、事後に飛行機で移動することのほうが、危険が大きいかもしれない。

逃げ出す方向としては、首都圏を横切って東北道で北上するか、北陸道経由で大迂回をして西へ向かうことになるだろう。ただし、噴火災害の場合は、降下火砕物の危険がある。

火砕流の発生が予想される段階で、車による脱出を試みる山麓の市町村の住民が増大し、国道２４６号は大渋滞を巻き起こすだろう。渋滞自体はある程度やむをえないが、降下火砕物には十分注意が必要である。行政の避難勧告・避難命令に従って脱出する場合、警察・自衛隊・消防などで避難手段、避難経路が確保・提供されるはずなのでそれに従うべきだ。

●パニックに巻き込まれるな

パニックの恐ろしさは、本人はそのつもりはなくとも、結果としてパニックを煽ったり、自らがパニックを伝播させる媒介となってしまう点である。突然襲ってくる地震より、前兆があり、マスコミが騒ぎを大きくし、終息するまでの時間的長さが数カ月から年単位と予想される噴火災害のほうが、パニックの原因となるデマが起きやすい。

降灰によって昼間なのに視界が悪くなったり、延々と渋滞が続いたり、降下火砕物によって事故が起きたりすることで、人々の間に不安が高まっていると、誰かが石につまずいたり、大声をあげたり、駆け出したりすることでもパニックは起きてしまうのである。

たとえば地下街にいたとしよう。突然停電になった場合、冷静でいられるだろうか。噴火について以前から報道されていたとすれば、噴火との関連性を考え、不安にかられてしまうだろう。４章でも触れたように、地下街は阪神・淡路大震災の例などでも安全性が立証されているのだが、埋もれてしまうかもしれないという心理的な不安によって、パニックに陥りやすい。地下街のガスも一般の導管以上に管理が厳重なため、ガス事故はあまり例がない。

災害に遭遇しても、慌てずに、パニックにならないように対処することが肝要である。停電でも、非常灯や誘導灯があるので地下街がまったくの暗闇になるとは考えにくいが、押し合うことなく壁伝いに歩けば、かならず地上への出口に行き当たる。落下物から頭を守り、煙がこもっている場合はなるべく身を屈めて、ハンカチを口や鼻に押し当てて煙を吸い込まないようにする。

地上への出口にたどりついても、われ先に階段を上ったりしないようにしよう。人が殺到して転倒するなどのケガを防ぐ意味もあるが、地下街にまでおよぶ揺れや停電が、噴火と関連してのことだとすれば、かえって地上のほうが、降下火砕物などのため危険なこともありうるからである。

壁伝いに歩いて最初にたどり着いた階段が下の階へ向かうものだとしても、現在いる階より下の階に避難してはいけない。火災が発生していたりすると、逃げられる所ならどこへでもと思いがちだが、下へ向かっても逃げ場はないのである。

●無謀な脱出より救助を待て！

地震時にエレベーターの中にいたらどうするのか。4章でも述べたが、大地震が都会で起きたときは、缶詰事故が発生する。災害のときは、避難する場合には、停電で止まる可能性のあるエレベーターに乗ってはならないのは鉄則だ。しかし、エレベーターに乗っているときに地震が起きたらどうすればいいだろうか。

エレベーター内はいわば密室のため、心理的にも閉じ込められてしまったという不安がつのる。パニックに陥らないという自信があるだろうか。階と階の間で止まってしまった場合は、インターホンで制御室と連絡がとれる。ただし地震の場合、制御室自体も被災していて、ただちに応答できない可能性もある。

しかし、慌てて脱出を試みることは、かえって危険が大きい。エレベーターを支えているワイヤーは、定員重量の数十倍に耐えられる強度があるので、天井の非常口を壊し、ワイヤーを伝わって最寄の階に脱出する手がなくもないが、停電がすぐに復旧してエレベーターが動き始める可能性もある。数時間も狭い密室に閉じ込められているだけで、精神的には相当まいってしまうが、できるだけ冷静に救助を待ったほうが、下手に自力で脱出を試みるより安全である。

数年前の地震で、首都圏郊外のショッピングセンターや某一流ホテルでは、館内放送はいっさいなかったが、首都圏のあるデパートではただちに館内放送をし、建物が耐震構造であることを告げ、係員の誘導に従ってほしい旨を繰り返し放送した。いずれも地震そのものは、建物が崩壊するほど大きなものではなかったが、館内放送があるだけでも、お客はずいぶんと安心するものである。デパートでは、地震時に自動的に繰り返し放送される仕組みになっていたものと推測される。

安全対策とはハードだけではない。ハードの耐震対策はもちろん重要だが、館内放送のような、ソフト面の充実も心がけてほしいものである。

●デマが人災を引き起こす

人は恐怖心にかられると、状況を悪いほうへ悪いほうへととらえがちだ。そして、情報＝デマは、不正確なだけでなく、いたずらに不安感をあおることになる。心配なのは、こういったデマがパニックを引き起こし、人災を引き起こす可能性があることだ。

マスコミによる出所の確かな情報以外、口伝えの「らしい」情報は無視したほうがいい。噴火や地震災害の場合、地元のＦＭ局などは被災状況を刻々と伝えてくれ、警察・消防・役所などの公的機関に情報の確認をすべきである。そういうことから、つねにラジオを携帯していることは、災害時には重要である。

阪神・淡路大震災のときにも、「今夜、震度6クラスの地震がくる」といった噂が流れた。これは、テレビで発言した学者の「マグニチュード6クラスの大きな余震が起こる可能性がある」というコメントを聞き間違えたものらしい。この情報について、気象庁には100件以上の問い合せが殺到した。気象庁はマスコミにデマの打ち消しを要請し、1月23日の各紙の朝刊に「デマに注意」という記事が載った。周囲が電話で確認作業をしたからまだよかったが、こうしたケースでは、デマを流した本人が真実だと思い込んでいるだけに始末が悪い。

また、「午後○時に地震がくる」といった、時刻入りの情報に惑わされてはいけない。地震の発生時間を○時と特定することは、いまの地震研究ではありえないからだ。日頃からそういった地震についての基本知識を持っておくことも、デマ回避に役立つ。なにしろ、この日本に住むかぎり、地震とつきあっていかなくてはならないのだ。「テレビでいっていた」という他人の話は、鵜呑みにしないで自分で確認することが大切である。

さらに、阪神・淡路大震災では、倒れた家具の下敷きになったAさんが、4日後にようやく瓦礫の下から助け出されるということがあった。

これは、隣りの県に嫁いでいた娘さんが、地震が起きたその日のうちに訪ねてきたのに、近所の人から「救助された」と聞かされたため、救助が遅れてしまったのだ。娘さんは、

3日間ほどあちこちの避難所や病院を探し回った末に、元の場所へ。そして、もう一度近所の同じ人に尋ねたら、「救助されたらしい」というあやふやな回答に変わったという。けっきょく、4日後に自衛隊員に救助され、命に別状はなかったが、一歩間違えば、大変なことになっていたかもしれないのだ。いかに情報確認が大切かを認識させられた出来事だった。

災害予知に関するデマについで多いのは、いろいろな処理の不公平に関するものである。行政の処理に関して、早い者勝ちは原則としてありえない。受付けの締め切りはあるにしても、申し込み順はない。避難所での救援物資の分配に関しては、あるいは行列の順という場合があるにしても、行列の順による優位差はない。場合によって老人、子供などの弱者に対する優先順位はあっても、特定の行為による裏取引はない。そういうことを要求したり、させてはならないのが市民社会のルールである。

被災地でも、被災者でも市民社会のルールは守らなければならない。「もしかしたらありうるかもしれない」という疑心暗鬼がデマを生み、パニックを引き起こす元となる。理由なく「他人より少しでもいい思いをしたい」と思ったり、そのような行動をすることは、けっきょく「いい思い」に到達しないことが多い。

また、公的機関が民間家屋の鍵を預かったり、勝手に家に入り込んだり、車などを寸借することはありえない。ヘルメットや防塵マスクや消火器などを、公的機関が販売することもない。「確認」こそがデマから身を守る手立てである。

●夜の外出は避けよう

噴火や地震は時間を問わないので、場合によっては夜間に避難しなければならないケースも出てくる。噴火は降下火砕物や降灰などがあり、停電していなくても噴出物がどこから飛来してくるか、夜目にはわかりづらいし、昼間なら視認できる降灰の状態も、夜目には程度がわからない。地震も、昼間なら家屋の崩壊や看板の落下物など視認できるが、夜は危険がいっぱいだ。

また、「災害に乗じて窃盗を目論む」輩も横行する。被災下で人々の気も荒くなり、自暴自棄になっている場合もある。避難しなければならない場合以外、夜間の行動は自重したほうがいいだろう。警察も被災時には対応に追われ、十分なパトロールは期待できない。昼間は人目もあるが、夜間は警察の目が十分行き届かないことをいいことに、悪事が横行することが考えられる。とくに、女性、子供、老人などの弱者は狙われやすい。必要な場合以外、夜間の外出は避けるべきだ。

また、阪神・淡路大震災のとき、ある地域では、ふだん関わりを持たない地域の住民同士が、安全や財産を守るために自警団を組織した。一般に都市ではお互いの生活には不干渉で、隣家でもお互いを知らなかったりする。警察などの対応が不十分な〝被災〟という特殊な条件下で、コミュニティに住む者同士のつながりが復活したのである。

近所づきあいには煩わしい一面もあるが、避難時に、「あの家には年寄りがいたはずじゃないか」「たしか小さい子供がいたんじゃないか」と気づいてもらえるメリットもある。ただし、自警団に頼るのであれば、可能なかぎり自らも自警団に参加して、他人の財産、安全も守らなければならないだろう。それを「煩わしい」「うっとうしい」というのであれば自己責任を貫き通すしかない。もちろん、税金を払っているのだから、その範囲で警察が市民社会を守ってくれればいい、というのは正しい。ただ、被災下で警察力が不十分な状況では、隣人と協力し合って秩序を守ることも必要なのではないだろうか。

●子供たちを震災から守る方法

幼稚園、保育園、小・中学校、学童保育所の教職員には、法律的な保護責任がある。自分の子供を預けている教職員も多いが、自分の子供の安否を気づかうあまり、園児や生徒に対する保護義務を放棄すると、回りまわって自分の子供も同じ目にあう可能性も出てくる。

地震警戒宣言が出された時点で幼稚園、保育園、小・中学校、学童保育所はただちに休園・休校になり、園児や生徒は保護者に引き渡し、下校させることになっている。現実問題として、都心の交通機能がマヒしている場合、すぐには迎えに行けないケースも出てくるだろう。その場合、子供たちは何時まで預かってもらえるのだろうか。原則としては、保護者が引き取りに来るまで園児や生徒を預かることになる。

都内の小学校では、災害時に各家庭から生徒を引き取りにくる保護者を毎年届け出てもらっている。低学年などの場合、生徒がパニックに陥っている場合も想定され、担任教師がひとりもしくは2人で対応できるかどうかは不明である。幼稚園や学校では、災害時の児童引き取りの予行演習は毎年実施しているが、実際に災害に直面していないだけに、児童にとって、はしゃぐだけの催事になっているのは否めない。

会社や学校が遠方にある場合は、被災時を想定して、会社や学校から自宅まで歩いて帰る訓練をしておくべきである。交通機関に頼っていると、所要時間や方角がわからなくなりがちである。おおよその方角がわかれば、河川が氾濫して道路そのものが寸断されないかぎり、なんとかなるものである。ただし、一度も歩いたことがない土地だと、勘が狂ってとんでもない方向に歩いてしまう場合もある。平時に一度は自宅まで歩いてみることをおすすめする。

地震時には屋外看板が飛来してきたり、ビルの窓ガラスが落下してくる危険性がある。噴火災害の場合は、降下火砕物や降灰の危険がある。会社や学校にヘルメットが常備してあればいいが、ないときは頭を守ることを第一に考える必要がある。

ラジオなどの災害情報は欠かせない。徒歩での帰路が考えられない遠方の場合も、ラジオは常時携帯しよう。

6章

「緊急事態宣言」が発令される日

――国・自治体が進める防災体制を知っておくこと

●パニックを避けるには〝情報〟の把握がカギ

パニックには、経済パニックと心理パニックがある。経済パニックについては、4章で説明した。では、心理的パニックはどうだろうか。

地震や噴火が恐くない、という人はいないと思うが、いちばん問題なのは人が群集となったときに起こるパニックだろう。もし、通勤ラッシュのときに地震が起こったら、人々はいっせいに出口に殺到し、将棋倒しになることは間違いない。阪神・淡路大震災では、発生が早朝で多くの人が自宅にいた。そのためパニックは起こらなかったが、もし昼間の都会で同規模の地震が起こったら、大混乱は避けられないだろう。

阪神・淡路大震災で家屋が全壊したある被災者はこう話す。

「人は、情報を把握できて、取るべき対策が見えればパニックにはならないと思う。震災後、近くで火事が出たと聞いて心配したが、瓦礫の山を越えて様子を見に行ったら安心できた」

なるほど、実感のこもった言葉だ。たんに「落ち着いて行動しましょう」と呼びかけるだけではパニックは避けられない。パニックを回避できるかどうかは、いかに〝正確な情報〟を把握するかにかかっているようだ。

とくに、「もうすぐ噴火する」「もうすぐ地震が起こるかもしれない」「余震がくる」など、比較的近い将来に危険が迫っている場合は、間違った情報がパニックを引き起こしがちである。とにかく正確な情報が必要となる。地震や噴火の日時までを正確に予知することが不可能な現状では、日頃から地震や火山、噴火について知識を深め、住んでいる町の防災対策を知っておくことが大切だ。

自然災害の軽減について、多方面から研究を続けている静岡大学の小山真人教授は次のように話す。

「地震や火山に関する基礎知識が乏しかったり、自然観や災害観が未熟だったりすると、地震や火山に異常が生じたとき、異常の意味や危険の度合いが理解できず、過剰に反応してしまうこともありうる。それを避けるには、ふだんから火山や地震についての理解を深めておくことが不可欠でしょう」

それも、災害が直前に迫ってからでは遅い。日頃からの情報収集や興味が大事だ。さらに、小山教授はこうつけ加える。

「とくに火山の場合、災害という視点だけではなく、火山による自然の恵みもすべてひっくるめて噴火のしくみを理解するなど、トータルな認識が大切です」

一方、パニックや風評悪化を恐れるあまりに、情報が隠匿《いんとく》されることが過去にあった。このことについて、災害リスクについて研究している社会心理学者で慶応大学の吉川肇子助教授は次のように指摘する。

「パニックを恐れるあまり情報を隠匿するのはナンセンス。むしろ、情報を伝えることでパニックを回避できると思いますね」

そして、「行政は、もっとマスメディアを情報伝達の手段と積極的に考えて、協調して災害時の情報伝達に取り組むべき」と強調する。

情報の公開については、前出の小山教授も同様の見解を示す。「一度情報を隠すと、信頼関係を取り戻すのは大変。また何か隠しているのではという憶測から、正しい情報までもが信じてもらえなくなってしまう」という。

では、正確であれば何でもよいかというと、そうではないらしい。吉川助教授は次のようにつけ加える。

「いくら正確な情報といっても、〝科学的に正しい情報〟を伝えるだけではかえって混乱を招きます。わかりやすい情報の伝達を心がける必要がありますね。科学的な正確さにこだわるあまり、『この表現で誤解されることはないか』という吟味が、科学者や行政の側に不足していることがあります」

つまり、情報を流す側は、伝え方を工夫しながら正確に情報を伝える。そして情報を受け取る側は、日頃から火山や地震を理解する。両方のそんな姿勢が、パニックを防ぐといえそうだ。

かつて1978年に起きた伊豆大島近海地震では、マグニチュードと震度を取り違えたことから大きな混乱が起こった。

「マグニチュード6の余震がくるかもしれない」という情報が、人に伝わるうちに「震度6の地震がくる」となり、大混乱が起こった。5章でも、阪神・淡路大震災のとき、「マグニチュード」と「震度」を聞き違え、気象庁に問い合わせの電話が殺到したことを述べたが、これは本来、受け手側が「マグニチュード」と「震度」の違いをきちんと理解していれば起こらなかったことである。

同時に、情報を発信する学者やマスコミが、「マグニチュード」という言葉がいまだに市民によく理解されていないことを認識し、それに代わるより適切な表現を用いていれば混乱を避けられたかもしれない。このことは、「情報を受ける、伝える」という両方の側面を持つマスメディアにとっても大きな課題だ。

ここで震度とマグニチュードについて、簡単に説明しておこう。

震度は、その地点における地盤の揺れの強さを表わし、一般に、地震の震源から遠ざかるにつれ、地盤の揺れは弱くなり、震度は小さくなる。

平成8年には震度階級が50年ぶりに改訂され、それまでの8段階から10段階に変わった。

一方、マグニチュード（一般にMで表わす）は、地震の規模を表わし、地震のエネルギーと関係し、マグニチュードが1増えると地震のエネルギーは約30倍になる。

木造建物	鉄筋コンクリート建造物	ライフライン	地盤・斜面
耐震性の低い住宅では、壁や柱が破損するものがある。	耐震性の低い建物では、壁などに亀裂が生じるものがある。	安全装置が作動し、ガスが遮断される家庭がある。まれに水道管の被害が発生し、断水することがある。〔停電する家庭もある〕	軟弱な地盤で、亀裂が生じることがある。山地で落石、小さな崩壊が生じることがある。
耐震性の低い住宅では、壁や柱がかなり破損したり、傾くものがある。	耐震性の低い建物では、壁、梁、柱などに大きな亀裂が生じるものがある。耐震性の高い建物でも、壁などに亀裂が生じるものがある。	家庭などにガスを供給するための導管、主要な水道管に被害が発生することがある。〔一部の地域でガス、水道の供給が停止することがある〕	
耐震性の低い住宅では、倒壊するものがある。耐震性の高い住宅でも、壁や柱が損壊するものがある。	耐震性の低い建物では、壁や柱が破壊するものがある。耐震性の高い建物でも壁、梁、柱などに大きな亀裂が生じるものがある。	家庭などにガスを供給するための導管、主要な水道管に被害が発生する。〔一部の地域でガス、水道の供給が停止し、停電することもある〕	地割れや山崩れなどが発生することがある。
耐震性の低い住宅では、倒壊するものが多い。耐震性の高い住宅でも、壁や柱がかなり破損するものがある。	耐震性の低い建物では、倒壊するものがある。耐震性の高い建物でも、壁や柱が破壊するものがかなりある。	ガスを地域に送るための導管、水道の配水施設に被害が発生することがある。〔一部の地域で停電する。広い地域でガス、水道の供給が停止することがある〕	
耐震性の高い住宅でも、傾いたり、大きく破壊するものがある。	耐震性の高い建物でも、傾いたり、大きく破壊するものがある。	〔広い地域で電気、ガス、水道の供給が停止する〕	大きな地割れ、地すべりや山崩れが発生し、地形が変わることもある。

＊ライフラインの［ ］内の事項は、電気、ガス、水道の供給状況を参考として記載

（気象庁の資料）より抜粋

◆震度と震度による被害状況◆

被害対象／震度	人　　間	屋内の状況	屋外の状況
0	人は揺れを感じない。		
1	屋内にいる人の一部が、わずかな揺れを感じる。		
2	屋内にいる人の多くが、揺れを感じる。眠っている人の一部が、目を覚ます。	電灯などのつり下げ物が、わずかに揺れる。	
3	屋内にいる人のほとんどが、揺れを感じる。恐怖感を覚える人もいる。	棚にある食器類が、音を立てることがある。	電線が少し揺れる。
4	かなりの恐怖感があり、一部の人は、身の安全を図ろうとする。眠っている人のほとんどが、目を覚ます。	つり下げ物は大きく揺れ、棚にある食器類は音を立てる。座りの悪い置物が、倒れることがある。	電線が大きく揺れる。歩いている人も揺れを感じる。自動車を運転していて、揺れに気づく人がいる。
5弱	多くの人が、身の安全を図ろうとする。一部の人は、行動に支障を感じる。	つり下げ物は激しく揺れ、棚にある食器類、書棚の本が落ちることがある。座りの悪い置物の多くが倒れ、家具が移動することがある。	窓ガラスが割れて落ちることがある。電柱が揺れるのがわかる。補強されていないブロック塀が崩れることがある。道路に被害が生じることがある。
5強	非常な恐怖を感じる。 多くの人が、行動に支障を感じる。	棚にある食器類、書棚の本の多くが落ちる。テレビが台から落ちることがある。タンスなど重い家具が倒れることがある。変形によりドアが開かなくなることがある。一部の戸がはずれる。	補強されていないブロック塀の多くが崩れる。据え付けが不十分な自動販売機が倒れることがある。多くの墓石が倒れる。自動車の運転が困難となり、停止する車が多い。
6弱	立っていることが困難になる。	固定していない重い家具の多くが移動、転倒する。開かなくなるドアが多い。	かなりの建物で、壁のタイルや窓ガラスが破損、落下する。
6強	立っていることができず、はわないと動くことができない。	固定していない重い家具のほとんどが移動、転倒する。戸がはずれて飛ぶことがある。	多くの建物で、壁のタイルや窓ガラスが破損、落下する。補強されていないブロック塀のほとんどが崩れる。
7	揺れにほんろうされ、自分の意志で行動できない。	ほとんどの家具が大きく移動し、飛ぶものもある。	ほとんどの建物で、壁のタイルや窓ガラスが破損、落下する。補強されているブロック塀も破損するものがある。

マグニチュードが7以上の地震を大地震、5から7までを中地震、3から5までを小地震、1から3までを微小地震、1以下を極微小地震という。とくにマグニチュードが約8以上の地震を巨大地震と呼ぶことがある。

日本およびその周辺で、M8程度の地震が起こるのは平均して10年に1回ぐらいだが、M7は年に1回程度と、マグニチュードが小さくなると回数が多くなる。M5以上の地震が1年間に起こる回数は、100回ぐらいになる。

●着々と進められる東海地震の防災体制

東海地震は、ある程度予知が可能とされている。そのため日本では唯一、予知を前提とした防災対策が敷かれている地域だ（ただし、かならず予知できるとはかぎらず、前触れもなく地震が発生する可能性もある）。

東海地域では、研究者によって将来大地震が起こる可能性の高い地域として観測強化地域に指定され、その後、1978年に「大規模地震対策特別措置法」で予知を前提とした防災対策が、国を中心になって立てられた。以来、東海地震の影響が大きい地域として静岡県、神奈川県、山梨県、長野県、愛知県、岐阜県の6県167市町村の区域が指定されている。

東海地震の前兆現象をとらえるために、東海地域とその周辺には、地震予知のための観測機器が数多く設置されていて、24時間体制で観測が行なわれている。観測結果はすべて気象庁に集められ、異常が発見されると、「地震防災対策強化地域判定会」（気象庁長官の諮問機関として、地震学者6名によって構成される）が招集され討議される。判定結果が「大地震発生の恐れがある」という場合は、内閣総理大臣から「警戒宣言」が発令され、無線やマスコミを通して住民に知らされるのだ。

98年には、東海地震の防災対策の基本となる大規模地震対策特別措置法が改正され、「異常データが出た時点で、地震が起こるかどうか判断がつかない状態でも、気象庁が〝観測情報〟を出して住民に注意を促す」ことになった。なぜなら、以前は異常データの発生・警戒宣言から地震発生まで2～3日かかると考えられていたが、実際は数時間の可能性もあると考えられるようになったからだ。

警戒宣言が出されることで、住民は火を消す、ガス栓を閉める、飲料水を用意するなど、被害を最小限に抑える行動を取ることができる。

静岡県では、地震を予知できた場合と、予知できなかった場合とで、想定される被害がどれぐらい違うかを比較調査。その結果、「地震を予知できた場合」のほうが、はるかに被害が少なくてすむ結果が出ている。

また、年1回9月1日に、東海地震の警戒宣言が出されたと過程して「総合防災訓練」

が実施されている。これは、判定会の招集と開催、警戒宣言の発令から地震が起きたときの一連の対応を、国・県・市町村・防災関係機関・事業所・自主防災組織などが参加して、いっせいに実施するものだ。12月には、事前に予知されない地震を想定した防災訓練も実施。さらに、山梨県、神奈川県、静岡県の3県合同での防災訓練を行なって災害時の通信体制を確認している。

●国家規模の大災害時に内閣から発令される

首都・東京が壊滅的な打撃を受けるような、大きな災害が起こったときに発せられるのが「緊急事態宣言」だ。これは国家レベルの緊急事態宣言で、「災害対策基本法」に制定されて以来、まだ一度も発令されたことはない。

では、どんなときに発令されるのか。災害対策基本法の第8章に記載してある緊急事態宣言の一部は次のとおりだ。

「第8章 災害緊急事態（災害緊急事態の布告）

第105条　非常災害が発生し、かつ、当該災害が国の経済及び公共の福祉に重大な影響を及ぼすべき異常かつ激甚なものであると認めるときは、内閣総理大臣は、閣議にかけて、関係地域の全部又は一部について災害緊急事態の布告を発することができる」

◆東海地震の警戒宣言まで◆

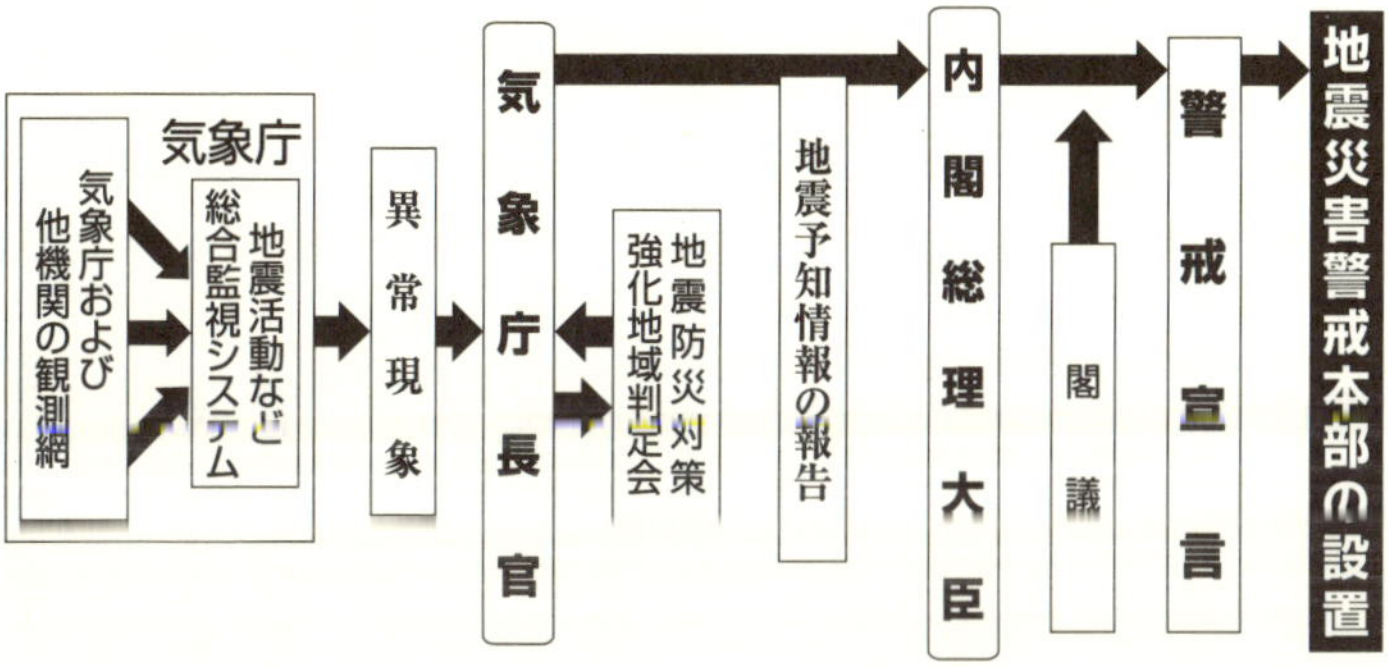

「地震とその予知」（国土地理院）より

発令者は、内閣総理大臣。具体的に可能な措置としては、国会が閉会中、あるいは衆議院が解散中にも内閣が必要な政令を制定できることになっている。必要な政令とは、生活必需物資の配給や、国民生活に必要なものに関する価格の最高額の決定、金銭債務の延期などである。

災害そのものへの対策としては、災害が起こると、まずは災害が起こった地域で「災害対策本部」が設置されるが、災害規模に応じて、国も「非常災害対策本部」を置く。「緊急災害対策本部」は、さらに激甚な災害が起こったときに置かれるものだ。

通常、「非常災害対策本部」の本部長を務めるのは国務大臣だが、「緊急災害対策本部」では、内閣総理大臣が長を務める。緊急災害対策本部長の権限は、非常災害対策本部時より大きくなり、各防災関係行政機関や指定の地方公共団体に対して、指示ができるようになる。

阪神・淡路大震災の際も、村山首相を本部長とする「緊急災害対策本部」の設置が検討されていた。しかし、〝緊急災害対策本部は全国的な混乱状態を想定したものだが、今回は地域が限定されている〟〝国会が開催中なので、臨時措置の法案はいくらでも出せる〟などの理由で見送られたという。

しかし、いくら一部の地域といえども、あれだけ甚大な災害が起こったら、内閣総理大臣がリーダーシップをとって、災害対策にあたってもよさそうなものだが……。

東海地震や富士山噴火が発生したときに、はたして「緊急事態宣言」は発令されるのか――。

発令の前例がないだけになんともいえない。災害対策基本法に、この災害緊急事態の項目が設置された経緯には、「関東大震災規模の大地震がもう一度関東地方で起こったら」という想定があったのだ。

ちなみに、平成12年度に国で行なわれた防災訓練では、南関東の直下型地震を想定して、防災訓練上の「災害緊急事態」が発令された。

●自衛隊、消防隊員、警察官はいつ出動するのか？

平常時は、110番や119番を回せばすぐに駆けつけてくれる消防隊員や警察官。しかし、大災害が起これればそういうわけにはいかない。

通常、災害が起こると、地元の消防隊員や警察官は非番であっても自主出勤したり招集されたりする。以前は携帯電話も使われていたが、災害時は回線混雑が予想されるため、ここ数年はポケベルが主流のようだ。一例をあげるなら静岡県警察本部では指定メンバーに対し、ポケベルによるいっせい招集を行なうという。

災害が大きければ大きいほど、救助を求める人も多くなる。当然のことながら、救助する側の人手も足りなくなる。何よりも、消防隊員や警察官自身が被災しているケースもありうるのである。電車が止まり、橋や道路が寸断されていれば、自転車や徒歩、バイクなどで出勤するしかないので時間がかかる。阪神・淡路大震災はまさにそんな状況だった。

以上の理由から阪神・淡路大震災を教訓に、省庁の初動体制をはじめ、自衛隊や警察、消防署の初動体制についてさまざまな見直しが行なわれた。そのひとつは、災害発生初期の情報収集と伝達体制が整えられたこと、もうひとつは、広域応援体制、つまり、被災地以外の都道府県からの応援体制が確立したことだ。

たとえば、ある地域が壊滅的な被害を受けると、その被害状況は情報収集と緻密な通信網によって、各防災機関や都道府県、市町村、マスコミ、住民へと即座に伝達される。そして、ごく早い時期に他府県からの応援が可能になった。

実際、鳥取県西部地震や芸予地震の情報の速さは、阪神・淡路大震災のときに比べると驚異的だ。阪神・淡路大震災の経験者も、「阪神・淡路大震災では詳しい被害がわかるまで半日かかったが、いまはすぐ被害状況がわかる」と驚く。

ところで、初動体制の強化ということで、静岡県では阪神・淡路大震災を教訓に、大きな地震などの災害時に素早く被害の情報を集めたり、対策を立てたりすることをめざして、緊急防災支援室を発足させた（平成8年）。スタッフは、無線・土木・建築などの専門技術を持つ県職員、看護婦、教員、警察官のほか、市町村（2市）、市消防本部（5市）からの派遣職員や、電力（東京電力、中部電力）、ガス（静岡ガス、中部ガス、プロパンガス協会）、電話（NTT西日本）、鉄道（JR東海）などのライフライン事業者から派遣された社員の合計27人で構成されている。

大きな災害で被害が発生すると、スタッフはすぐに県庁の「災害対策本部」に駆けつける。全員が県庁から10キロメートル以内、30分以内に登庁できる場所に住んでいるほか、24時間の待機ローテーションを組む。また、ポケベルを携帯し、無線や衛星携帯電話を搭載する防災車や防災ヘリコプター、防災船など、あらゆる手段を使って県災害対策支部

（9カ所）に向かう。支部では、被害情報の収集、伝達や対策が適切に行なわれるよう、コーディネーターの役割を果たすという。

また、東海地域では、予知を前提とした地震防災対策も立てられている。そのため、「地震がこれから起こりそうだ」という警戒宣言が出る前に、消防隊員や警察官がすでに初動体制に入っていることもあるだろう。

しかし、警察官や消防署がすぐ隣りにあるわけではない。阪神・淡路大震災では、多くの人が瓦礫の下敷きになったが、住民同士が手を貸し合い、多くの命が救われた。初動体制がどんなに充実しようと、まずは隣り近所の助け合いが大事だ。

【自衛隊】

阪神・淡路大震災では、自衛隊の本格的派遣は、兵庫県の要請を待ってから行なわれた。そのため、「なぜもっと早く出動できなかったのか」と、対応の遅れを指摘する声があがった。災害当日、7時過ぎには淡路島へ偵察ヘリが飛んでいたが、本格的な派遣が始まったのは兵庫県からの要請のあとで、地震発生から4時間がたっていたという。

そこで防衛庁では、「防衛庁防災業務計画」を修正し、自衛隊の「自主派遣」が明確化された。たとえば、被災地の都道府県知事などが要請を行なうことができない状況にあっても、部隊の長などの判断で出動できたり、被害の状況を情報収集するために出動したりできるようになった。自主的に救援に向かう際の判断基準がより明らかにされ、手続きも簡素化された。

ちなみに2001年3月24日に最大震度6を記録した芸予地震では、状況把握のためにすぐに偵察機が向かい、その後広島県知事からの要請で、断水となっている地域への給水支援を行なった。また、有珠山噴火の際には、噴火の前々日の3月29日には、北海道知事の要請で、人命救助や住民の避難、物資の輸送、警戒などの救援活動を行なった。実は、その前日の28日には、自衛隊は地元の市町村に連絡幹部を派遣、情報収集活動を開始していた。

もし、東海地震の警戒宣言が出されれば、当該自衛隊にすぐ連絡がいくようになっている。また、災害警戒本部長（内閣総理大臣）の要請によって、防衛庁長官は地震発生前でも派遣を命じることができる。つまり、東海地域の場合は、地震発生前に自衛隊員が到着する可能性があるということだ。


【消防隊員】

阪神・淡路大震災直後、被災地の各消防本部では、地震発生とほぼ同時に119番通報が殺到した。神戸市の118回線ある119受信専用回線は全て受信状態、受信件数は17日で6922件あったという。現地の消防隊員がいくら懸命に働いても、とても手が回る状況ではなかった。

そこで、消防庁では、以前から推進してきた広域応援体制をさらに強化することにした。当時も近隣県のヘリコプターによる消火活動が行なわれたが、もっとスムーズに応援しあえるよう事前の協定が結ばれた。また、大地震にも耐えられる通信施設が整備され、画像情報を収集するためのヘリを増やしたという。より早く、より正確に応急対策を立てるためだ。

しかし、どれだけ通信システムや広域応援体制が整えられても、現場にたどり着くまでには時間がかかる。阪神・淡路大震災では、消防車が瓦礫の山や路上の車に道を阻まれ、火災現場にたどり着けないケースが多かった。ようやくたどり着いても配水管が破損して使えず、遠方の川や海から中継送水するなど、消火活動は難航したという。

一方、多くの住民が協力し合って救助活動や初期消火を行ない、大きな成果をあげた。交通網が遮断されるような大災害が起こったときは、このように、まず隣り近所で協力し合うことが大事だろう。また、避難先に向かう前には、ブレーカーを落としたり、ガス栓を閉めるなどを忘れずに行ないたい。こうしたちょっとした行動が身を守ることにつながるのである。

【警察官】

被災時の警察官の主な仕事は交通整理と救助活動だ。阪神・淡路大震災では、その日のうちに各都道府県から警察官・機動隊が応援に駆けつけたが、とにかく人手が足りなかった。被害のほうが大きかったのである。

そこで、阪神・淡路大震災以後はさらに広域応援体制が強化された。たとえばヘリコプターによる情報収集体制や他府県との応援体制の確立だ。自衛隊との相互協力体制も確立され、必要と判断されればすぐに応援が可能になった。

しかし、警察官も一般の人と同じように生活しているので、被災していたら現地に向かうことは難しい。地域のことを知り尽くしている町の警察官がすぐに来てくれるわけではない。やはり、近隣住民で手を取り合って対策を立てることが必要だろう。

●各省庁の役割と分業体制

国では、あらかじめいくつかの省庁が〝指定行政機関〟として決められていて、平常時からさまざまな状況を把握し討議しながら防災関連業務にあたっている。また、省庁のほかにＮＴＴやＮＨＫ、ＪＲといった機関も指定公共機関に指定され、協力し合い、災害に対応していく。

災害が発生すると、被害規模に応じて、まず市町村から都道府県へ、都道府県から消防庁へ（必要に応じてほかの省庁へ）、消防庁から関係省庁へと、被害状況が報告される。

そして必要に応じて、消防庁や防衛庁や警察庁などの偵察ヘリが画像情報を収集し、消防庁を通じて指定行政機関、指定公共機関に伝達するのだ。阪神・淡路大震災では、災害発生直後に兵庫県内の通信回線が故障する事故があったが、その教訓をふまえ、地上系通信網と衛星通信回線など、複数の通信システムを備えている。

大災害のときは、とくに素早い対応がなされるかどうかで、後々の被害状況が変わってくる。阪神・淡路大震災では、政府の初動体制の遅れが被害の拡大を招き、リーダーシップの不在が原因で対応が遅れたことも指摘された。しかしその後、より適切な対応をめざして、情報伝達方法や連絡体制が整えられ、どの部署の誰が何を行なうかについても、より明確化された。

各省庁の役割はある程度決まっているが、実際には連携を取り合い、お互いに協力しながら対応が進められる。ここでは、一部の防災関係機関の災害直後の対策を中心に、その役割を見ていこう。

【内閣府】

内閣府は国政上重要な具体的事項に関する企画立案・総合調整を行なうところだ。防災についても総合的な推進を担っている。防災に関して審議する中央防災会議も、この内閣府の中に位置づけられている。

災害時は「内閣府情報連絡室」または、被害が大きい場合は「災害対策本部」や「非常災害対策本部」を設置し、各省庁の災害対策本部と連絡を取りながら、その災害に関する対策を推進する。非常災害対策本部部長は国務大臣が務め、メンバーは消防庁などの局長級職員と指定行政機関の課長級職員で構成される。

国では、防災に関する重要事項を審議するための「中央防災会議」を内閣府内に設けている。この機関のメンバーは、内閣総理大臣（会長）をはじめ、指定行政機関の長などからなる。「防災基本計画」も、この中央防災会議で審議されたうえで改訂される。

【気象庁】

気象庁には、大きく分けて観測データの収集・監視、そして発表という二つの役割がある。地震、津波、火山に関する観測データも、国内外の各関係機関から気象庁に集められ、すぐに防災関係機関や報道機関に伝達され、災害対策に役立てられている。

防災気象情報の発表については、かならず気象庁が行なう。なぜなら、数カ所から異なる情報が流れてしまうと混乱が生じるからだ。とくに警報については、気象庁以外の人間が行なうことは、気象業務法によって原則として禁止されている。

◆火山情報の種類◆

緊急火山情報	生命、身体にかかわる火山活動が発生した場合に随時発表する。
臨時火山情報	火山活動に異常が発生し、注意が必要なときに随時発表する。
火山観測情報	緊急火山情報、臨時火山情報を補うなど、火山活動の状況をきめ細かく発表する。
定期火山情報	常時観測対象火山について、火山活動の状況を定期的に発表する。

気象庁が4つの火山情報を出している。これは地方自治体やマスコミを通じて住民に知らされる。

（気象庁の資料）より

とくに強化地域に指定されている東海地方については、観測網が強化されているほか、国土地理院や海上保安庁、大学などの研究機関が設置する観測計器データも、すべて気象庁に集められ、直前の予知を行なうための常時監視24時間体制で観測されている。

また、津波の波の高さを推定して、迅速に〝津波予報〟を出して、海岸線の住人の避難を促す。津波はジェット機並みの速さで海岸に到達するため、最大の波の高さを計算して予報を出している。

火山についても、気象庁で活火山を常時観測しているほか、火山噴火予知連絡会が適宜開催し、全国の火山活動の判断を行なっている。

火山観測になんらかの変化が見られたときは、火山噴火予知連絡会で討議され、総合判断が出される。気象庁は、その判断をもとに4種類の火山情報の中から選択。独自に判断して火山情報を発表する。

なかでも緊急火山情報が、いちばん危険な状況を表わしている。火山情報の種類を決めるのはあくまでも気象庁だが、火山噴火予知連のメンバーの中に、特定の山についてとくに詳細データを持つ学者がいる場合は、相談することもあるという。

ちなみに、火山噴火予知連絡会は、火山噴火の予知に関する観測情報の交換、それらの情報の総合的な判断、研究・観測体制の調整、それぞれの立場の研究・業務の円滑な推進を目的として、1974年に設置された。構成メンバーは学識者や国の防災関係からのメンバー約30人。事務局は気象庁におかれている。気象庁長官の私的諮問機関である。

この火山情報はとても重要な役割を持っている。なぜなら、各都道府県はこの火山情報をもとに、各関係機関に対する通報や要請を行なうからだ。また、各市町村もこの火山情報をもとに、住民に対する避難勧告（強制的に避難させるほどの強制力はない）や避難指示（強制的な避難指示を意味する）を出すことになる。

【消防庁】

災害が発生すると、まず消防庁にその情報が集められ、内閣府など各関係省庁に連絡がいく。大災害が起こったときに、関係省庁のなかでもいち早く災害対策本部を設置するのが消防庁だ。阪神・淡路大震災を教訓に、災害発生直後に消防ヘリコプターを出動させ、映像を情報収集して関係機関に送った。2001年4月3日に静岡県中部で起こった震度5の地震でも、各県の防災ヘリが情報収集のためにフライトした。

具体的には、消防隊の派遣、救急隊の派遣などを担当する。


【警察庁】

必要に応じてヘリで情報収集、災害警備本部を設置する。警察官は、救助活動、避難誘導、交通規制、情報収集、防犯、警戒などにあたる。2001年4月3日の静岡県中部地震では、愛知県、神奈川県、岐阜県、関東管区にも警備本部を設置し、広域緊急援助隊100人あまりに待機を指示した。


【防衛庁】

情報収集のための航空機派遣や自衛隊員の派遣などを行なう。自衛隊に要請される仕事は、避難の援助、病人の運搬、震災時の給水支援など多岐にわたる。


【国土交通省】

芸予地震の際は、非常体制をとり、災害用ヘリコプターの現地派遣、震災では地殻変動の観測、被災者向け住宅の一時提供、給水車の派遣、震災後の建築物の応急危険度判定などを行なった。

また、地震予知連絡会は、地震予知の実用化促進を目的として、地震予知に関する観測研究を実施している関係機関や大学の30名の委員で構成されている。それぞれの研究報告や観測情報を交換したうえで、学術的判断を行なう。１９６９年4月に国土地理院長の私的諮問機関として発足した。

【海上保安庁】

災害対策本部や、被害が軽い場合は海上保安庁対策室を設置。芸予地震では、情報収集のため巡視船艇や航空機を派遣した。

【厚生労働省】

医療に関係するあらゆる対策を講じる。芸予地震では、近隣県の日本赤十字社各支部の救護班を待機させた。また、全国の災害拠点病院に患者の受け入れ可能数と医師などの派遣可能数の登録を依頼し登録。現地の保健所を通して、避難所の住民や障害者、高齢者を対象に、健康相談や家庭訪問、電話相談などを実施した。

一方、雇用や労働に関する対策も講じる。芸予地震では、国民生活金融公庫に特別相談窓口を設置し、被災者の被害状況に応じて被害貸付や災害貸付、元金の支払いの猶予や返済期間の延長など、さまざまな措置を実施した。さらに、現地労働局に緊急労働相談窓口を設置した。

【文部科学省】

必要に応じて災害情報連絡室を設置。阪神・淡路大地震を契機に、地震による災害から国民の生命、身体、そして財産を保護することを目的として「地震防災対策特別措置法」が制定され、平成7年7月18日に施行された。この法律に基づいて、地震に関する調査研究を推進するため、総理府に「地震調査研究推進本部」が設置された。その後、平成13年の中央省庁などの再編で、推進本部は文部科学省に設置。文部科学大臣を本部長とすることになった。

芸予地震のときには、地震調査研究推進本部の地震調査委員会では、会議を開催し、余震の可能性やその大きさについて討議・公表した。

【経済産業省】

被災中小企業の災害復旧のための資金円滑化をはかる。芸予地震では、相談窓口の設置や災害復旧貸付などを実施した。

【農林水産省】

芸予地震では、芸予地震対策関係局庁連絡会議を開催。農林漁業金融公庫の4支店に相談窓口を設置した。

【郵政事業庁】

芸予地震では、救助団体あての現金書留および小包郵便物の料金免除、郵便振替による災害義援金送金の無料化、被災者が差し出す郵便物の料金免除を実施している。また、通帳、証書、印章などをなくした被災者の郵便貯金などの非常取扱い、簡易保険の保険料払込みの猶予期間延伸、保険金の非常即時払いなどの非常取扱いを実施した（それぞれ地震発生日から2カ月間または3カ月間実施）。

また、省庁のほかに、日本銀行、日本赤十字社、日本放送協会、日本道路公団、新東京国際空港、日本原子力研究所、各鉄道会社、各電力会社公共機関も、NTTドコモなど50ほどの機関が、防災に携る機関として指定されている。これらの機関は、平常時からさまざまな災害を想定して防災対策を講じている。NTT各社が始めた災害用伝言ダイヤル（171にダイヤルし、いろいろな情報を録音・保存できるシステムで、一度に大勢が電話しても回線がパンクしない）は、阪神・淡路大震災の経験をもとにつくられた。これは、離れ離れになった家族や友人同士が安否を確かめるのに役立つ伝言システムだ（詳しくは

7章190ページ参照)。

災害が起こると、災害情報はこれらの機関にもいっせいに伝達され、防災対策が講じられる。たとえば、JRに依頼して食料を近隣地域まで運んでもらうといった協力体制もとられる。

●海外からの支援、援助の受け入れ体制の不備

広範囲にわたる大災害、たとえば、阪神・淡路大震災のような災害が起こったら、誰もが海外支援に期待をかけたくなるだろう。しかし、それはほんとうに期待できることなのだろうか?

阪神・淡路大震災で、海外支援の受け入れが遅れ、世論が沸騰したことは記憶に新しい。

スイスの捜索犬については、政府は地震発生翌日の1月18日に受け入れを決めたが、フランスの災害救助隊の受け入れは遅れた。「とにかく1カ国は受け入れよう」ということで先にスイスが決まったと推測されている。フランスの災害救助隊、DICAは捜索犬と瓦礫を持ち上げる機材、救出部隊、医師の4つの機能を備えるレスキュー隊だ。17日の夜にはすでに出発できる体制が整っていたが、日本からの返事が来たのはその2日後。現地到着は、瓦礫の下に生存者がいる可能性が高いといわれている3日間が過ぎたあとだった。

けっきょく21日から捜索を開始したが、生存者を見つけることができないまま、彼らはむなしく帰国した。

通常、災害が起こると、たいていは各国から支援の申し出があるが、受け入れるかどうかは日本政府が決める。だから、海外からの支援が期待できるかどうかは、日本政府の意思によって決まるのだ。では、日本政府の誰が決めるのだろうか？

阪神・淡路大震災当時の各新聞では、海外からの支援受け入れが遅くなった理由を、「受け入れに前向きだった外務省と、受け入れに消極的だった消防庁の間に食い違いがあったため」と報じている。もう少し早く受け入れていれば、もっと多くの人が助かったかもしれない……と、非常事態への即応力のなさを批判する声が目立った。

当時のテレビニュースは、捜索犬が瓦礫の上から一瞬のうちに生存者の有無を見分ける様子を映した。その画面を見ながら、こんなに大きな災害なのに、なぜ早く受け入れなかったのか？　ひとりでも生存者が見つかる可能性があれば、できるかぎり早く受け入れるのが本当だったのでは？　誰もがそんな憤りを覚えたのではないだろうか。

受け入れ体制を整えることにも、労力が要ることはよくわかる。消防庁では、現地での通訳の手配や捜索地域の割り当てなどに労力をとられるより、救助作業に力を入れたいという意向が強かったという。しかし、現場ではどうだったのだろうか？

現在、海外からの支援については、防災基本計画の「自発的支援の受け入れ」の項目の中で次のように明記されているので抜粋してみよう。

●大規模な災害発生が報道されると、国内・国外から多くの善意の支援申し入れが寄せられるが、国、地方公共団体および関係団体は適切に対応する。

●外交ルートにて海外からの支援の申し入れがあった場合には、外務省は、非常本部等にその種類、規模、到着予定日時、場所等を通報するものとする。

●非常本部等は、支援の受入れの可能性について検討するものとする。

●非常本部等が受け入れを決定した場合、あらかじめ定めた対応方針に基づいて、海外からの支援の受入れ計画を作成し、計画の内容を支援を申し入れた国、関係省庁および被災地方公共団体に示すものとする。その後関係省庁は、計画に基づき、当該海外からの支援を受け入れるものとする。なお、支援を受け入れないと決定した場合、速やかに関係国に通報するものとする。

●強まる首都移転の可能性

現在国会では、「首都機能移転」問題が審議されている。

もともとは、東京一極集中の是正をしようという学者や研究機関の提言に端を発し、昭和30年代から論議されているが、いまだに結論が出ていない。「首都移転」ではなく「首都機能移転」と呼ばれているのは、「国会やそれにともなう機関を移すだけで、かならずしも首都移転とは異なる」という観点からだ。

平成2年には国会で決議文が出され、平成12年度に「2年後をメドに首都の候補地を絞り込む」という決議が採択されている。

首都機能移転に対して東京都は大反対している。石原慎太郎都知事が反対声明を出しているほか、民間と行政とが一体となった「首都移転に断固反対する会」も平成11年に結成されている。首都移転という大きなテーマともなると、コンセンサスを得るのは並大抵ではないだろう。

世論も、賛成と反対の真っ二つに分かれ、一部では激論が交されている。しかし、こうした議論がメディアを通して表面に出る機会は実に少ない。移転するかしないかを決める日が本当にやってくるのかと、半信半疑で見守る人も多いのではないだろうか。なかには、首都移転は絵空事だと思い込んでいる人もいる。

首都機能移転の意義としては、①国政全般の改革、②東京一極集中の是正、③災害対応力の強化などがあげられている。

とくに、「災害対応力の強化」という論点は、1995年の阪神・淡路大震災を機に大きくクローズアップされた。現在のような過密都市東京は、災害時に人的、物理的、経済的に大きなダメージを受ける。首都を移転して過密を軽減して防災に強い都市にしよう」

というわけだ。

一方、ここ数年は、「コンピュータや情報の発達にともなう文化、社会、経済の地方分散化が進み、すでに東京一極集中は是正されている」といった論も出ている。また、「現在の深刻な不況下で、移転に莫大な経費を投入するのはナンセンス」という声もあがっている。決議文は出ているものの、問題は山積みだ。

そんななか、東海地震や富士山噴火が起こったら、「災害対応力の強化」の論点が再び強調され、移転推進論が活気を帯びてくる可能性はあるだろう。

ちなみに、移転候補地は「栃木・福島地域」「岐阜・愛知地域」「三重・畿央地域」が有力候補としてあがっている。

それにしても、これらの候補地を見ると、「災害に強い地域」とはいったいどんな地域かとあらためて考えさせられる。栃木・福島には那須山噴火の恐れがあり、岐阜・愛知地域は東海地震、三重・畿央地域は南海地震の可能性がささやかれている。たしかに現状の人口密度からいえば、地震による被害は東京より小さいとは思うが……。

7章

大災害に備える事前対策は万全か

――〝そのとき〟ではもう遅い

●観光への悪影響を心配するだけではダメ

静岡県は観光によって、生活している人が多い。そのため、震災や噴火災害によるイメージダウンが懸念されている。

では、どのようにすれば、被害を最小限に抑えることができるのだろうか。観光地として有名な神戸を例にして、考えてみたい。

1995年12月15日、神戸市では震災後の復興と被害者の冥福を祈るイベント「ルミナルエ」を行なった。そして、16世紀末のルネッサンス期の装飾芸術を見せることで、多くの観光客を集めることに成功した。このイベントはすでに5年目を迎えており、これまでに延べ2145万人もの観光客を動員している。

そのほかにも、メリケンパークでは、破損した壁をわざと修復せず、メモリアルパークを造るなどの工夫を行なっている。

いずれの場合も震災のマイナスイメージをプラスに変えて、見事に、復興を実現させている。

2000年11月7日、静岡県主催で火山防災講演会が行なわれた。そのなかで、静岡大学教育学部小山真人助教授（当時）は「静岡県周辺の火山防災の現状と問題点」について、以下のように述べている。

「(前略)観光への悪影響を心配するがゆえに、火山への備えに対しても知らんぷりを決めこむ自治体が多いのは嘆かわしいことです。(中略)

観光と災害への備えとを両立させる理想的な方法は、火山をいまよりもっともっと積極的に前面に出して、観光資源として利用していくこと以外にはないと思います。穏やかな状態の火山は、私たちにたくさんの恵みを与えてくれます。温泉は火山下にあるマグマの熱が作ったものですし、富士山や大室山の美しい形も、富士山麓や伊豆高原に広がるなだらかな扇状地・台地も、白糸の滝や浄蓮の滝などの名瀑も、富士山麓の豊富な地下水も、すべて火山噴火が作り出したものです。つまり、火山災害は火山のもたらす恵みと不可分の関係にあり、長い目で見れば、火山は豊かな恵みを地域社会にもたらしつづけてくれているのです。

このような火山の恵みと営みをもっと積極的に宣伝し、自然のなかに火山の造形を発見する『火山ウォッチング』を始めてみませんか。このような火山の楽しみ方、火山観光の仕方が、フランスなどではごく普通に行なわれれています。自然の営みを理解し、自然をいつくしむことを通じて、自然の持つ危険性も無意識のうちに正しく認識できていることが、思わぬ災害を防ぐためにはもっとも大切なことなのです」

神戸市と同じく、やり方によっては静岡県も観光地として生き残ることができるのだ。

うか。

●富士山火山防災ハンドブックを配布する官公庁

静岡県では、東海地震、富士山噴火に備えて、どのような防災対策を立てているのだろ

東海地震の被害が予測される静岡県とその周辺5県では、地震財政特別措置法によって、施設の整備を計画。そのなかで、静岡県では、1980～1997年までの間、金額にして5693億円を使っている。さらに、阪神・淡路大震災後、防災対策を補うため、地震防災対策特別措置法によって地震防災緊急事業5カ年計画も作成。この計画については、全国で実施されており、静岡県については、1995～2000年度までの間、1758億円の事業計画となっている。

また、いざというときに備えて、災害対策本部が設置される県庁別館の建設をはじめ、緊急防災支援室（SPECT）の設置、防災船や消防防災ヘリの整備、地殻変動などの観測なども行なっているのだ。しかし、災害は地震だけではない。富士山が噴火した場合に備えての対策も行なわれている。

たとえば、富士山周辺部は火砕流、溶岩流、火山泥流などによって、大きな被害を受けることになる。そこで、これらの土砂災害を防ぐため、静岡県、山梨県、国土交通省では、

砂防事業を行なっている。

また、近隣に住む人々の防災意識を高めるため、富士山火山防災ハンドブックを作成し、配付している。ここでは、火山砂防事業などの防災対策の状況をはじめ、噴火の歴史や特徴、北海道の火山の例について触れている。一読すれば、富士山についてわかる仕組みになっているのだ。このハンドブックは、国土交通省中部地方整備局富士砂防工事事務所、静岡県砂防室、山梨県砂防課で入手することができる。

すでに、静岡県、山梨県では情報連絡体制が敷かれている。しかし、もしも震災が起これば、その被害は他県にもおよぶ。当然、静岡県、山梨県以外の県も関わってくる問題なので、国単位で対策を進めていかなくてはならない。

●大切なデータはフロッピーディスクに保存しておくこと

現代はコンピュータ化された社会である。もし、コンピュータ機能がストップしてしまったら、生活していくうえで、さまざまな支障をきたすことになる。

阪神・淡路大震災時、スーパーやコンビニなどでは商品の物流が止まり、銀行では取引ができなくなってしまった。このとき受けた経済的被害は大きい。ちなみに、旧通産省では、大型コンピュータ約1000台のうち、2~3割がいくらかのダメージを受けたと報告している。

では、こうしたコンピュータ被害を最小限に食い止めるためには、どのようにすればよいのだろうか。

地震に備えて、まずは耐震設計の部屋にコンピュータを置くこと。そして、危なくない場所にデータを預けておくことなどがあげられるだろう。最近では、企業ばかりではなく、一般家庭でもコンピュータが普及している。もしものときのために、大切なデータはフロッピーディスクの中に入れておくようにしよう。そして、自宅だけでなく、そのフロッピーディスクを何カ所かに分けて置いておくとよいだろう。

しかし、コンピュータ故障の原因は揺ればかりではない。ほんの数センチほどの火山灰が積もっただけで、コンピュータ機能がストップしてしまうのだ。行政側での火山灰対策が望まれる。

●非常持ち出し袋を常備しよう

富士山が噴火すれば、ライフラインがストップしてしまう。もちろん、食料を買いに行くこともできない。そこで、噴火災害や震災に備えて、非常持ち出し袋を用意しておくようにしよう。

◆防災用品を常備しておこう◆

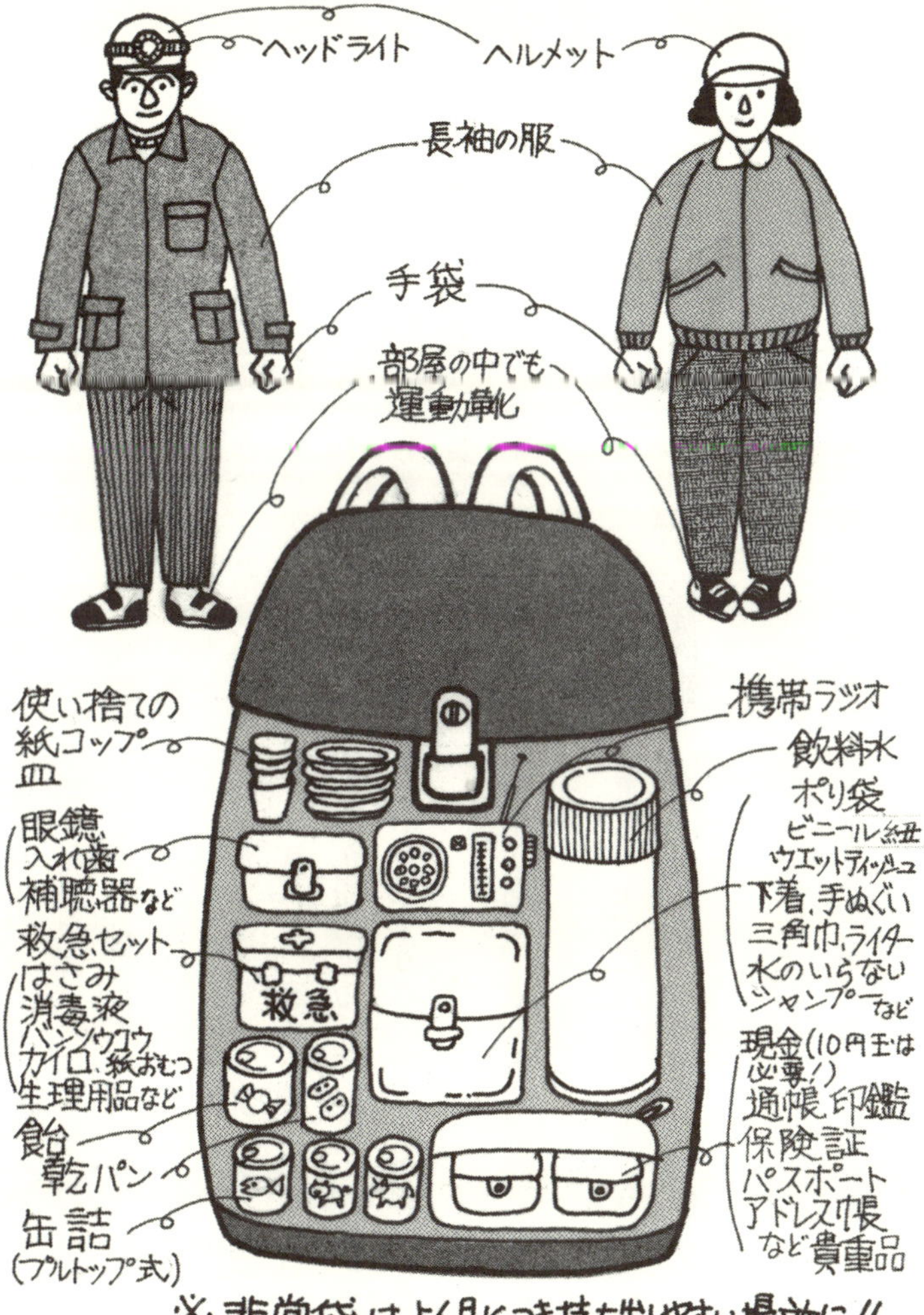

※・非常袋はよく目につき持ち出しやすい場所に!!

備蓄食料としては、缶詰がおすすめである。缶切り不用のプルトップ式であれば、さらによい。また、手早くカロリーを取り入れることができる飴などを入れておくのもよいだろう。ただし、レトルト食品やインスタント食品などは避けよう。というのも、ライフラインがストップした状態では調理ができないからだ。

さらに、飲料水は必要不可欠だ。水さえあれば、どうにか救援物資が届くまで持ちこたえることができる。しかし、せっかく用意した食料や飲料水も、家から持ち出せないようであれば、仕方がない。およそ震災3日目から炊き出しが開始する。となると、備蓄の目安は2、3日分×家族の人数分となる。ちなみに、乾パンは200グラム、水はひとり当たり1日3リットルぐらい必要である。

また、缶詰もミネラルウォーターもどちらも賞味期限がある。定期的に点検して、入れ換えるよう心がけておこう。

現金、通帳、印鑑、保険証、パスポートなどの貴重品もすぐに持ち出せるようにしておきたい。しかし、袋の中に入れておくのは防犯上、危険である。だからといって、1カ所にまとめて置くのもよくない。

眼鏡、入れ歯、補聴器などもスペアをつくっておき、持ち出せるようにしておこう。こうした個人専用品がなくなると、避難生活に支障をきたすからだ。よく物を見たり、噛んだりできないと、イライラしてくる。ただでさえ、避難生活はストレスがたまるものなので、自分に必要なものは何なのか、いまからチェックしておこう。

そのほか、連絡用のアドレス帳、ポリ袋、炊き出し用のライター、懐中電灯（できればヘッドライト）、ビニール紐、三角巾、手ぬぐい、ウエットティッシュ、救急セット（はさみ・消毒液・バンソウコウなど）、携帯ラジオ、ヘルメット、下着、使い捨ての紙皿やコップ、カイロなどもあると便利である。

行動が楽にできるように、これらの品々はきんちゃくやリュックの中に保管しておこう。非常持ち出し袋の中身だけでなく、保管する場所も大切である。押し入れなどに保管すると、持ち出せなくなってしまう。いつも枕元に置いておくのも難しいだろうが、家の中でよく目につき、なおかつ持ち出しやすい場所を探しておこう。マンションなどの集合住宅であれば、集会所にもひとつ置いておくといいだろう。

備えあれば憂いなし。非常持ち出し袋を用意することで、いざというとき、落ち着いて行動することができるのだ。

●緊急時には何がいちばん必要か？

震災当初とあとでは必要なものが違ってくる。

震災2、3日目から飲料水や食料の配給が始まるが、配給が始まっても、生活用水は不足したままである。用便を流せないため、避難場所は当然、不衛生になる。大便を処理するには、1回当たり8リットルもの水を流すことになる。まさか貴重な飲料水を使うわけにもいかない。

そこで、ふだんから風呂の水を捨てずにとっておくことをおすすめする。浴槽を利用すれば、数百リットルの水を貯めておくことができる。しかし、大きな揺れが起これば、全ての水がこぼれてしまうこともありうるのだ。この場合、ふたでカバーしておいたとしても、無駄なのである。

覚えておきたいのが、震災直後であれば、蛇口から水が出るということだ。家屋がつぶれるなど危険な状態でなければ、水を貯めておくようにしよう。そんなとき、ポリ袋が力を発揮する。ポリ袋を二重にしてごみバケツの中に入れれば、ポリタンクとして利用することができるからだ。また、水のいらないシャンプーやウエットティッシュ、使い捨ての紙皿やコップなどがあれば、生活用水を使わずにすむ。

避難生活を続けるうえで役立つのが、アウトドア用品である。蛇口付きのポリタンク、ガスボンベ、キャリー、固形燃料、登山用の寝袋などがあれば、ライフラインがストップしている状態でも、とりあえず暮らすことができる。

ライフラインのなかでは、電気の復旧がいちばん早い。あると便利なのが電化用品だ。インスタント食品など、手軽に調理することができる。逆に、復旧がいちばん遅いのがガスである。ガス管の爆発事故を防ぐためにも、点検作業を行なわなければならないからだ。

そんなとき、カセットコンロ、ガスボンベなどがあると便利である。

女性なら生理用品や使い捨ての下着、赤ちゃんのいる家庭では、紙おむつも必要となってくるだろう。

避難生活が長引けば、当然、ストレスがたまってくる。イライラして、被災者同士、ケンカになってもおかしくない。ストレスを発散するためには、アルコールやタバコなども必要なのだ。

避難生活をしているからといって、欲しい物を諦めるのはよくない。辛抱するのではなく、どうすれば手に入れることができるのかを考えるようにしよう。

●予備のお金を確保しておく

避難生活が落ち着いてくると、今度は現金が必要になってくる。現金、通帳、印鑑なども持ち出せるようにしておきたい。その後の生活も、数万円から10万円程度あれば、当面は乗り切ることができる。また、少しでも10円玉があると、公衆電話で連絡をとるとき、助かる。

阪神・淡路大震災後、被災者に対して、いちばん必要なものは何ですかというアンケート調査を行なったところ、飲料水や食料よりも現金をあげた人が多かった。もしものとき、頼りになるのはやはりお金なのだ。しかし、とっさのことで家に忘れてきてしまう場合もある。家屋の中に埋もれてしまえば、あとで取りに行くことさえできない。そんなとき、どうすればいいのだろうか。阪神・淡路大震災での例をあげよう。

金融機関では、通帳、預金証書、印鑑を紛失した場合でも、身元さえ確認することができれば、お金を引き出すことができた。場合によっては、定期預金の期限前でも引き出しが可能であった。しかし、肝心の身分を証明する健康保険証、運転免許証、パスポートなどがない場合もある。もちろん、役所に紛失届を出せば、再発行してもらえるが、いつになるのかわからない。そこで、キャッシュカードの暗証番号、筆跡鑑定などを行なったり、職員が顔を見たりして、本人かどうかの確認をとった金融機関があった。また、郵便局では本人宛ての郵便物を身分証明書の代わりにした。

では、肝心の払い戻し金額はいくらだったのだろうか。10万円から無制限まで、金融機関によってまちまちである。ある信用組合では、サインひとつで最高5万円までの一時立替金を支払った。いずれも金融パニックを引き起こさないためである。

震災が起こったとき、してはいけないことのひとつとしてあげられるのが、銀行に押しかけることだ。ほとんどの人がそんなことをするはずがない、と思っている。しかし、いざとなると、落ち着きを失ってしまうのが人間なのだ。

もしもみんなが一度にキャッシュカードを使用すれば、どういうことになるだろうか。場合によっては、オンラインがパンクしてしまうこともありうる。事実、1988年のゴールデンウイーク時には、郵便貯金のオンラインシステムが使用不可能になってしまった。また、避難所では集団生活を強いられる。大金を持っていると、「とった」「とらない」などの騒ぎを引き起こしてしまうかもしれない。

さらに、今後、新しい生活をスタートさせるためには、何かと物入りになってくる。そのときのために無駄な出費は抑えておくようにしたい。

●思わぬ威力を発揮するミニバイク

災害時には、マイカーを交通の手段に使うことはできない。たいていの道路は家屋の瓦礫に埋もれたり、段差や亀裂ができたりして、通行できなくなっている。警察官が通行止めにしている箇所も多く、マイカーでは止められてしまう。

また、渋滞に巻き込まれてしまうこともある。歩いたほうが早い場合もあるのだ。震災時には自動車の運転はタブーだ。

マイカーを運転することができなくなったら、道路の端に駐車する。そして、ドアをロックせず、エンジンキーをつけたまま、その場を離れよう。しかし、ほとんどの人が鍵をかけてしまう。どんな場合でも、人は自分自身の財産を守ろうとしてしまうものなのだ。路上に自動車が溢れていると、いざというとき、消防車やパトカーなどが通ることができなくなる。二次災害で火事が起こる可能性も高いのだ。ドライバーとしてのマナーを守るようにしよう。

マイカーも役に立つケースは多々ある。たとえば、避難所がいっぱいで入れなかった場合、住居代わりになるからだ。避難所と違って、個室になっているので、他人の目を気にする必要がない。ストレスのたまりやすい人は、マイカーで生活するといいだろう。また、車内には、情報収集のためのラジオもある。もしものときのために、トランクの中にも非常持ち出し袋を入れておこう。

ただし、ガソリン不足とオーバーヒートには気をつけるようにしよう。ガソリンスタンドはかなり混雑すると思われる。また、エンジンをかけたまま、寝てしまうと、そのまま死んでしまう恐れがある。というのも、フロアに穴が開いていたら、排気ガスを吸うことになるからだ。また、寝ぼけてアクセルを踏んでしまったり、サイドブレーキを動かしたりすることもある。冬場は寒くても、エンジンを切ること。毛布を被って、我慢しよう。

交通の手段として、マイカーの替わりになるのが、50 ccのミニバイクである。車は通行禁止の道路でも、エンジンを切れば、歩行者扱いなので、道路を通ることができるのだ。渋滞でも車と車の間を通り抜けることができる。大型バイクは、このようなことはできない。ちなみに、3リットル弱で満タンになってしまうが、燃費はいい。

ただたんに通行するだけではない。けが人を運んだり、水や食料を運んだりすることもできる。場合によっては、ミニバイクにロープをくくりつけて、家屋の瓦礫の中から家財を引き出すこともできる。ミニバイクが役に立ったという証拠に、阪神・淡路大震災後、中古のミニバイクの売上高が上がったという事実があげられる。

●友人、知人、近所の人たちと連携を保つ

ひとり暮らしであれば、家屋の下敷きになったとしても気がついてもらえない場合がある。都会では、隣りに住んでいる住人の顔さえもわからないものだ。いざというときに備えて、ふだんから隣り近所への挨拶はきちんとしておきたい。また、マンションやアパートなどの集合住宅に住んでいる場合、どんな人が住んでいるのかを一覧表にしてまとめておくといいだろう。

震災時、隣り近所との情報交換は重要である。その際、正確さを心がけること。人は不安なことがあると、つい話をオーバーにしてしまいがちだ。

口コミ情報だけではない。マスコミの流す情報にも注意を払うようにしよう。テレビや新聞などでは、絵になる画像を繰り返して使用するものなのだ。何もかも信じてはいけな

い。疑問に思うことは、気象台や役所に問い合わせるようにしよう。震災の専門書を用意して、事実かどうかをチェックしてみるのもいい。

また、遠く離れた友人や知人に連絡を取る必要も出てくるだろうが、一般電話を利用することは難しい。通信に関する仕組みは、5章でも詳しく解説したが、何度かけても、つながらない確率が高い。システムダウンを起こさないように通話制限を行なっているからだ。一度、システムダウンすると、電話を復旧するには長い時間がかかる。そのため、わざと通話不可能な状態にしているのだ。

一般電話に比べると、公衆電話はつながりやすい。ただし、100円玉やテレホンカードは役に立たない。使えるのは10円玉のみだ。ただ、長蛇の列を覚悟しなくてはならない。

そんなとき、ダイヤルしたいのがコレクトコールの116番。通話制限にひっかかったとしても、オペレーターを通すものは特殊電話に分類され、ふつうの電話よりはつながりやすくなっているのだ。

災害用伝言ダイヤル・171番を使う方法もある。これは6章でも触れたが、離れ離れになった人同士が安否を確かめ合うシステムで震災時のみ使用できる。

たとえば被災者であるAさんがいるとする。Aさんは171番に自分の電話番号をプラスして、ダイヤルを回す。すると、30秒間、メッセージを録音することができるようになるのだ。メッセージは2日間、預かってもらえる。Aさんのことが心配な人は、171番にAさんの電話番号をプテスしてダイヤルすればいい。すると、Aさんのメッセージを聞くことができるのだ。また、たとえ正しい情報であったとしても、時間がたつと用なしになる。非常時には、すぐに新しい情報を伝えなくてはならない。家屋の壁などに張り紙をするといった方法がおすすめである。

●ペットの写真も用意しておこう

ペットも人によっては、家族と同じなのである。当然、ペットも震災から守りたいと思うものだ。ペットも人間と同じく、非常時ではパニック状態になってしまう。そしてそのまま行方不明になってしまうこともありうる。

阪神・淡路大震災では、動物救援本部やボランティアグループが、行方不明のペットを預かってくれた。

行方不明のペットを探すとき役に立つのが、ペットの写真である。言葉だけでなく、視覚的にペットの特徴がわかると、見つけやすい。非常用持ち出し袋の中にはペットの写真も入れておくようにしよう。また、ペットフードも必要となってくる。2、3食分が備蓄の目安である。

ペットが閉じ込められたらかわいそうだと、鍵や鎖をはずしたままにしておくのは問題だ。ペットを放した場合、野生化する恐れがあるからだ。これは飼い主にとっても、ペットにとっても大変不幸なことである。一度でも人間を襲った動物は、間違いなく保健所の手で始末されてしまうからだ。

仮にペットと逃げることができたとしよう。避難所には動物が苦手な人もいる。室内に持ち込むことはできない。そのため、阪神・淡路大震災時では、小・中学校の運動場などを利用して、多くのペットを飼っていた。仮設住宅ではペットを飼うことはできなかったからだ。

慣れない避難所での生活は、ペットにもストレスがたまる。そのため、狂暴になるペットも出てくると予想される。さらに、ストレスから精神性の病気になることもありうる。場合によって、飼い主はペットを安楽死させるかどうかの選択を迫られることにもなる。

こういった最悪の事態を招かないようにするには、どうすればいいのだろうか。動物救援本部では、ペットの里親探しも代行してくれた。ペットを手放すのはつらいが、何がペットにとって最善の策なのかをよく考えよう。また、ボランティアグループに協力を頼むのもいいだろう。

そのほか、かかりつけの獣医に預かってもらう手もある。ペットの種類によっては、動物園が飼育してくれる。

ペットを失ってしまった場合、飼い主の心のケアも必要となってくる。家族の一員だから、飼い主も深い心の傷を負ってしまう。ペットロス症候群と呼ばれるものだ。無気力な状態が続くようであれば、一度、カウンセラーに相談してみよう。

●ガラスの被害から身を守る運動靴や手袋

震災後、室内はガラスの破片が散乱する。窓ガラス、食器棚、蛍光灯、テレビなど、家の中はガラスやガラス製品で溢れているからだ。ガラスは割れると、凶器に変身する。家の中でいちばん危険な場所は、意外にも風呂場だ。無防備このうえない素っ裸の状態なので、じかにガラスが突き刺さる恐れがある。また、リビングルームも危ない。食器の破片で、ケガをする恐れがあるからだ。部屋の窓際も同様だ。

部屋の中を歩くときは、かならず運動靴を履くようにしよう。スリッパやサンダルでは、ガラスが突き抜けてしまうこともある。また、運動靴の場合、そのまま外に逃げることもできる。

手袋をはめることも忘れないようにしよう。うっかり手を置いた所にガラスの破片がある場合もありうるのだ。服装は半袖やランニングシャツではなく、長袖にすること。できるだけ肌の露出は避けよう。ガラスの被害から、身を守るためだ。

事前の対策としては、ガラス面にフィルムを貼って飛び散るのを防ぐこと。そして、家具が倒れないよう、転倒防止の留め金具で固定しておくことだ。また、中から食器が飛び出て、その破片でケガをしないよう、サイドボードや食器棚の扉が開かないようにしておこう。

もちろん、外は家の中以上に危険だ。災害時には、ガラスの破片が街中に溢れる。なかでも、オフィス街には絶対に近づかないほうがいい。頭上から窓ガラスの破片が降りそそいでくる恐れがあるからだ。このときのガラスの破片の破壊力には凄まじいものがある。アスファルト道路に突き刺さるほどなのだ。人間に刺さったら、ひとたまりもない。

オフィス街を歩いているときに地震が起こったら、ビルの入口に逃げ込もう。入口近くは比較的安全だ。ビル内に入れないようであれば、近くの街路樹に避難すること。それも無理なら、急いでビルから遠ざかるようにしよう。その際、鞄などで頭部をかばうことを忘れてはならない。ガラスの破片は風が吹くと、20メートルもの距離を飛ぶことがある。

これらの対策にもかかわらず、ケガをしてしまった場合、どうすればいいのだろうか。混乱のなかでは、すぐに医師の治療を受けることは難しい。そこで、応急処置のやり方を覚えておくことをおすすめする。

ガラスの破片が突き刺さった場合、まずは破片を除去すること。その後、消毒して、滅菌ガーゼの上から包帯を巻いておこう。

●真っ先に家族の安全を確保せよ

平日の昼間、震災が起こった場合、子供は学校にいる可能性が高い。学校では、保護者の迎えが来るまで、児童を預かることになっているが、ひとりの先生が40人前後の児童の面倒を見るのは大変な労力を必要とする。泣き出したり、わめいたりする子供も出てくる。

震災が起こった場合、どういう行動をとればいいのかを、子供に教えておくようにしよう。ひとりひとりがしっかりとした意識を持つことこそが、身を守る最善の策なのである。

また、つねに子供には家族全員の写真を持たせておこう。裏面には、必ず名前、年齢、電話番号などの連絡先、血液型などを記入しておくこと。迷子になったとき、役に立つのだ。

乳幼児の場合、母親と一緒に避難することになる。しかし、逃げる際、赤ちゃんを前抱きにしないこと。必ず背負うようにする。路上には瓦礫などが散乱しており、いつどこでつまずくかわからないからだ。しかし、両手を使うことができれば、身軽に動くことができる。さらに、赤ちゃんの背中に座布団をかぶせておくと、クッション代わりになる。

また、これからの避難生活のために、粉ミルク、紙おむつなどを忘れてはならない。非常用持ち出し袋の中に入れておくといい。

非常事態では、どうしても弱いものからダメージを受けてしまう。交通機関が復旧したら、妊婦や赤ちゃんは被害を受けていない親戚や友人、知人宅に避難させてもらうようにしよう。

寝たきり老人も同様だ。家族の助けがなくては逃げることができない。逃げる際、誰が背負うのかを決めておこう。また、ケガをしないように、ふだんから、窓の近くや家具に囲まれた場所にベッドを置かないようにしよう。

家族の誰かがケガをしたとき、医師による治療は期待できない。平時から打撲、切り傷、火傷、ねんざなどのけがをしたとき、また止血、人工呼吸など、ひととおりの緊急処置の仕方を覚えておけば万全だ。できればリハーサルを行なっておきたい。

無事、避難所にたどり着いたとしても安心してはいけない。火災旋風に巻き込まれてしまう恐れもあるからだ。火災旋風とは、大規模な火災のときにしばしば発生する火の粉と火災の竜巻きのようなもの。

関東大地震の際には、広域避難所である元陸軍被服廠《ひふくしょう》跡では、火災旋風だけで3万8000人が死んでいる。

避難所の周りで火事が発生したら、まずは風向きを確認すること。火災旋風は風下に起こりやすい。火災旋風から身を守る方法としては、窪地や溝に身を屈めるようにするやり方がある。

8章

被災後の生活設計をどう立てる

——災害に負けない精神力を身につけよ

●地震保険と建物更生保険

地震や噴火による被害を補償してくれる地震保険。火災保険とセットになっていて、地震保険のみ加入することはできない。地震保険は、どこまで補償してもらえるのだろうか。どのくらいの保険料が必要なのだろうか。どの損保会社を選べば得だろうか。また、農協の建物更生保険と比べると、どうなのだろうか。

まず損保会社の地震保険の場合、どの損保会社も、補償内容や保険料に大差はない。支払いの対象となるのは、地震や噴火、これらにともなう津波の結果生じた火災、損壊、埋没、流失による被害である。

保険の対象は建物と家財のみとなっている。しかも、ひとつ30万円以上もする貴金属、美術品、自動車、有価証券、預貯金証書、通貨などは家財保険の対象外とみなされる。

保険金については、建物、家財ともに、全損、半損、一部損の3段階に分けて支払われる。しかし、十分な金額が支払われるわけではないことに注意したい。火災保険の契約額の30〜50%までしか加入できないのだ。しかも、合計の補償限度額は建物で1000万円、家財で500万円である。

地震保険の保険料については、地域や建物の構造によって違ってくる。地域については、

◆地震保険から保険金が支払われる場合◆

	損害状況	保険金が支払われる場合	支払われる保険金額
建物	全損	＊主要構造部の損害額が、その建物の時価の50%以上になったとき ＊焼失または流失した部分の床面積が、その建物の延床面積の70%以上になったとき	地震保険契約金額の全額
建物	半損	＊主要構造部の損害額が、その建物の時価の20%以上50%未満になったとき ＊焼失または流失した部分の床面積が、その建物の延床面積の20%以上70%未満になったとき	地震保険契約金額の50%
建物	一部損	＊主要構造部の損害額が、その建物の時価の3%以上20%未満になったとき ＊床上浸水または地盤面より45cmを越える浸水を受けたとき	地震保険契約金額の5%
家財	全損	＊損害額が、その家財の時価の80%以上になったとき	地震保険契約金額の全額
家財	半損	＊損害額が、その家財の時価の30%以上80%未満になったとき	地震保険契約金額の50%
家財	一部損	＊損害額が、その家財の時価の10%以上30%未満になったとき	地震保険契約金額の5%

＊建物の主要構造部とは土台、柱、屋根、外壁など

過去500年間の地震を考慮に入れて、一等地から四等地までの段階に分かれている。ちなみに東京都、神奈川県、静岡県はいちばん保険料が高い。一方、建物の構造については2段階に分かれている。建物や家財ともに8種類、合計16種類の保険料率で、金額が決まる。

次に農協の建物更生保険の場合だが、地震保険より高額の補償がある。また、地震保険は掛け捨てだが、建物更生保険は貯蓄型である。しかも、どの地域でも保険料は同じである。

また、地震保険では、保険の対象を全壊、半壊、一部損の3段階に分けているのに対して、建物更生保険はどのくらいの損害を受けたかによって、支払い金額が違ってくる。

明らかに建物更生保険のほうが魅力的といえるが、加入は難しい。というのも、農協組合員以外の人は、契約件数の20%しか加入できないシステムになっているからである。

加入枠を超えている場合、準組合員になって契約するしか手はない。その場合、1、2万円の出資金が必要となってくる。何人の準組合員を取るのかについては、各組合長の一存で決められる。

●離れ離れになったときの連絡方法を決めておく

震災が起こったとき、家族が一緒にいるとはかぎらない。平日の昼間であれば、父親は会社、母親は自宅、子供は学校や保育所にいる可能性が高い。

家族が離れ離れにならないためには、どうすればいいのだろうか。平日、休日、昼間、夜間に分けて、連絡の取り方を決めておくようにしよう。また、実際リハーサルをしてみるのもいい。万全の準備をしておけば、いざというとき、落ち着いて行動できるものだ。

震災が起こると、保護者の義務として、ただちに学校や保育園に子供を迎えに行かなければならないことになっている。子供を迎えに行く場合、父親との行き違いを防ぐために、母親は必ず自宅の壁にメッセージを貼っておくようにしよう。近所の人にひと言声かけておくのもいい。

両親が共働きの場合は、すぐに子供を迎えに行けないことが多い。いつまでたっても両親に迎えにきてもらえない子供は不安になる。近所に同じ学校に通う家庭があれば、一緒に子供を預かってもらうようにしよう。逆に相手から頼まれた場合には、気持ちよく引き受けるようにするのはもちろんだ。困ったときやいざというときのためにも、ふだんから近所の人たちとはコミュニケーションを図っておく必要がある。

お互いどこにいるのかわからないケースも想定できる。そんなときのため、待ち合わせる避難所をどこにするかも決めておこう。第一候補だけでなく、第二候補まであげておくことが大切である。震災時には、あらゆるケースを想定しておかなければならない。避難所の中に入れないこともある。

避難所も広い。しかも、多くの人たちが集まってきている。みんなパニック状態で、収拾のつかない状態になっている。家族を探す手間や時間を省くためにも、避難所のどのあたりに待ち合わせるかまで、しっかりと決めておけば万全だ。旗やのぼり、笛などを目印にして、連絡を取り合えるようにしておくのもいいだろう。

●仮設の避難所の現状

家屋が全壊、半壊した人たちは自治体が指定する仮設の避難所に入ることになる。しかし、避難所にいるからといって、安心することはできない。

阪神・淡路大震災では、学校や公民館などの公共施設が避難所として使用された。しかし、建築基準法には公共施設の構造面に注意を払うようには規定していない。しかも、神戸市の避難所は不足していたというのだ。

東京都の場合はもっと深刻な状況にある。安全性に対する不安、避難所の数不足など、神戸市以上に、問題を抱えているのだ。

なんとか避難所に入れたとしても、さまざまな苦労が待ち受けている。たとえば、トイレなどの衛生面。

排尿、排便、生理用品などの汚物を捨てることができなくなる。しかしだからといって、汚物の量を減らすことはできない。食料の配給が始まったら、今度は仮設トイレが必要となってくる。行政に頼らざるをえない局面も出てくる。役所の職員も被災者になっていることもあるので、行政の対応も遅れがちになると思われる。

紙おむつ、生理用品の不足も予想される。これらも非常持ち出し袋に入れておきたい。ゴミもたまってくる。避難所生活をしていると、ゴミなど出ないように思われるが、実はそうでもない。配給の食料など、ビニール袋や紙などに包まれている救援物資は多い。このゴミの量はバカにならない。

道路が使えない状態なので、ゴミ回収車が集めて回ることもできない。ゴミの山はどんどん増えていく。焼くなどして、自分たちで始末もできるが、限りがある。ゴミによっては、燃やすことでダイオキシンなどの有害物質が発生することもある。汚物もゴミも行政の手にゆだねるしかないというのが実状だ。

最後に入浴の問題。どうしても入浴などがいちばん後回しになってしまう。いくら非常事態でも、温かい風呂に入って、疲れを癒したいものである。交通機関さえ復旧すれば、被害の受けていない地域の銭湯に行くことも可能だが、そこでは長蛇の列が予測される。人が多ければ、入浴時間も制限されることになる。

避難所では、不潔な生活を強いられ、伝染病をも招きかねない。

被災者たちのイライラもつのってくる。ちょっとしたことで、ケンカ騒ぎになったりする。

繰り返すが、もしものときのために、行政の防災対策を万全にしておかなければならない。避難所生活では、個人の力ではどうにもならないことがあまりにも多すぎるのだ。

●老人、妊婦、幼児たちの悲惨な生活

震災のとき、いちばん大変な思いをするのが老人、妊婦、幼児といった弱者である。避難所での生活には、悲惨な生活が待ち受けている。体力のない老人は介護の手が必要である。しかし、ホームヘルパー自身も震災の被害者となっていることもあり、世話をしてもらうことは難しいと覚悟しておくべきだ。トイレにも行くことができず、避難所の隅に放っておかれることもありうるのだ。

食料や寝不足によって、体力も弱ってきている。風邪をこじらせて、肺炎になる可能性も出てくる。狭い避難所のこと、伝染病の蔓延が心配される。

妊婦や幼児にも大変な苦労が待ちうけている。妊婦には、精神的なショックがいちばんよくない。とくに、妊娠3カ月までの初期、臨月時は気をつけなくてはならない。もちろん、妊娠5カ月以上の安定期に入っていたとしても、流産の可能性はあるのだ。安全な地域に避難したい。

赤ちゃんも同様だ。地盤の揺れで家屋がつぶれれば、圧迫死、窒息死の恐れがある。その後の避難所生活でも、どんな二次災害が起きるかわからない。しかも、赤ちゃんは自分では身を守ることができない。赤ちゃんには、母親の保護が必要なのだ。

幼児の精神的ショックもかなり大きい。幼いといえども、両親の心の不安を敏感に察知するものなのだ。幼児にも心の安らぎが必要となってくる。気持ちを落ち着かせるため、ふだん、読んでいる絵本やぬいぐるみを持たせておこう。非常用持ち出し袋に入れておくのがいい。

いろいろな人が集まる避難所である。もしも迷子になったときのために、名札をつけておくようにしよう。

小学生にもなれば、被害の状況などがわかってくる。そのため、「親に迷惑や心配をかけてはいけない」と我慢しがちになる。結果として、それがストレスを増幅させることにつながってしまうのだ。そうなると、なかなか精神的ショックから立ち直ることができなくなる。

身体障害者や精神障害者、その家族も不自由な避難所生活を強いられるだろう。

交通機関が復旧すれば、老人、妊婦、幼児、障害者を優先して、安全な地域で生活させるようにしよう。震災の被害を受けていない親戚や知人、友人宅などで下宿させてもらうのがいい。しかし、日本の狭い住宅事情を考えると、一部屋用意するのは難しい。あちこちの家でやっかい者扱いをされて、転々と生活することも覚悟しておかなければならない。あらかじめ、家がなくなったときの、自分の居場所も考えておきたいものだ。

●心の病いは焦らず治療せよ

震災で受ける心の傷は大きい。なにしろ、大切な家族やペット、家屋などの財産を一瞬にして失ってしまうのだ。精神は不安定になるし、今後のことを考えると、ノイローゼにもなりかねない。

PTSD（心的外傷後ストレス障害）という病気がある。震災や戦争などショッキングな体験をしたあと、不眠症、頭痛、疲労感、めまい、吐き気、無力感、生理不順などの症状が出てくる病気のことだ。阪神・淡路大震災では、これらの症状に悩む人が続出した。

急性のPTSDであれば、数週間から2、3カ月程で治る。放っておけば、慢性のPTSDに苦しむことになってしまうのため、早めの治療が望まれる。

慢性のPTSDでは、不眠症、疲労感、頭痛などの症状が長引くうえに、ヒステリー反応を起こす危険性がある。ヒステリー反応は2種類ある。一つは、耳が聞こえなくなったり、話すことができなくなったりなど、体にストレスが現われる転換性障害。もうひとつは、記憶をなくしたり、もうろうとした状態になったりする解離性障害である。解離性障害では、多重人格になったり、失踪したり、被災前の人格を捨てて、ほかの人格を持つようになるケースもある。

心の病気は世間体が悪いと考えているため、治療が必要なのにもかかわらず、医者にかかるのを嫌う人が大勢いる。避難所にボランティアのカウンセラーや精神科医がいても、いっさい診察を受けようとしない。長引く避難生活を考えると、そのまま放置したら、ますます悪化するだけである。早めに傷ついた心を癒すことが必要だ。

治療法としては、素直に喜怒哀楽をあらわすのがいいとされている。感情をむき出しにしていくことで、心のなかのもやもやが少しずつ片づいていくものだ。被災者同士で、話し合うのもいいだろう。そのほか、軽い運動をしたり、震災前の生活に戻していくなどの手もある。

大人と同じく幼児にもPTSDの症状は現われる。むしろ大人よりも幼児のほうが心配である。幼児の場合、十分に言葉を話せないので、心のなかにストレスをため込む恐れがあるからだ。そこで、絵を描かせる、テレビゲームをさせる、軽い運動をさせる、十分な休息をとらせるなどして、気持ちを発散させるようにしよう。

また、焦って、早く治そうとは思ってはいけない。焦れば焦るほど、悪い結果を招いてしまう。いつかは治ると信じよう。病気とうまくつき合っていくという態度が大切なのである。

●1カ月、4人家族の生活費はいくらかかるのか？

サラリーマンやOLたちの生活はどう変わるのだろうか？　被災社員は休業補償をしてもらえるのだろうか？

阪神・淡路大震災の日、自分が罹災しているにもかかわらず、多くのサラリーマンが会社に向かったという。真面目すぎる日本のサラリーマンの実態をあらわしているといえよう。これほどまでに会社に忠誠を誓っても、はたして、被災社員の休業補償までしてくれるものなのだろうか。

阪神・淡路大震災をケーススタディしてみよう。会社が倒壊してしまい、仕事ができなくなった場合、雇用保険が適用される。1日の平均賃金の6～8割を90日から300日、年齢や勤務年数によって支払われた。また、会社が再興されるまでの期間、一時離職者にも賃金の支払いが行なわれた。

さらに、事業主に支払われる雇用調整助成金の特別支給制度もある。これは賃金・休業手当ての一部を負担してくれるというもの。

しかし、休業補償をしてもらえるかどうかは、会社によって違う。会社が雇用調整助成金を受けて、6割でも休業手当てを支払ってくれるなら、幸せなほうだと考えよう。

震災から数週間もたてば、避難所から会社に通う被災者も出てくる。しかし、通勤するのはひと苦労である。いつもよりも時間がかかる。そのため、被災者にかぎって、終業時間を早める会社もあった。

しかし、通勤の苦労よりも、被災していないものとの軋轢で悩まされる。周りは同情をし、気を使ってくれるが、いつまでも続くものではない。早めに帰宅することを甘えととらえる同僚や上司も出てくる。避難所でも会社でも、被災者は心を休めることができない。それでも、家族を養うためには仕事をしなくてはならないのだ。

では、震災後、1カ月当たりの家族4人の生活費はどのくらい必要だろうか。

震災から数日間は、まずどの店も閉まっていて、商品を買えない状態だ。出費はないと考えていいだろう。避難所での生活を続けるかぎり、食料や衣類は救援物資でまかなうことができる。

慣れない避難所暮らしでストレスもたまってきて、入浴や外食を楽しみたくもなるだろう。入浴料や食費、家族で出かける交通費もかかることを考えておかなくてはならない。

また、避難所で生活できない老人を親戚の家に預けるとなると、食費、下宿代、交通費なども必要となってくる。

学校が始まれば、子供の教育費もかかる。家がつぶれていれば、制服や学用品を買う必要も出てくる。

今後の生活のことを考えたら、ムダな出費はできるだけ抑えたいものだ。たとえば、家のローン、壊れた家具や電気器具も買い直さなければならない。失職する最悪のケースを想定して、最低でもいままでの生活費の1年分くらいは、貯蓄しておいたほうがいい。

●ボランティアはあてにできるのか

主な医療ボランティア団体としては、日本医師会、日本赤十字社（日赤）、アジア保健研究所、国際保健協力市民の会、日本キリスト教海外医療協力会、アジア医師連絡協議会などがあげられる。

東京都で震災が起こった場合、2218班もの医療救護班が必要とされている。しかし、実際では、国立や都立病院、都医師会、日赤で1560班あるのみ。しかも、医師や看護婦も被災者となっている可能性もあり、救護の手は半減するという覚悟がいる。

東京都との協定によって、行政長の要請がなくても、東京都医師会は活動できる。救護所は避難所に設置されるので、治療を受けられる。避難所として使用されるのは行政の建物が多い。また、東京都の消防署前にも救護所が設けられることになっている。

しかし、あらかじめ救護所を決めておくことはできない。被害の大きさによって、設置場所を決定するからだ。

日赤については、支部や本社に問い合わせると、近くの救護所がわかる。東京支部が震災で機能していない場合、災害対策本部は大阪支部に設けられるので、そちらに連絡して問い合わせるとよい。

海外の医療ボランティアについては、NGO（非政府組織）推進センターに問い合わせよう。そのほか、各ボランティア組織のコントロールセンター、国や自治体に問い合わせるのもいいだろう。

しかし、早くても震災1時間後でないと、医療ボランティアは到着しない。しかも、多くの人が救護を必要としているので、すぐにはケガの手当てを受けることはできない。複数の救護所を調べておくようにしよう。

行政だけでなく、民間のボランティアも活躍してくれるだろう。家の解体作業、食料や衣類など救援物資の運搬、老人介護、トイレの後片づけ、ゴミの始末など、避難民の生活を手助けしてくれるのだ。

しかし、ボランティア初体験者は、トラブルを引き起こすケースも想定しなければならない。ボランティアとしての心の準備ができていないからだ。避難所生活が長引くと、気持ちがたるんでしまう。なかには、遊んだり、不平不満をいうボランティアも出てくるものだ。そんなボランティアはかえって足手まといになる。リーダーの指示に従って、復旧の手伝いをするようにしよう。

●〝火事場泥棒〟に要注意！

阪神・淡路大震災では、避難した人々が整然と並んで食料や水を求めるなど、非常時にあっても秩序を守る姿が見られた。しかし、一方では窃盗事件も多発し、被害届が相次いだ。地震発生直後から数週間は、オートバイ、自転車の盗難が相次いだという。無人となったスーパーからは、食品や飲料水、現金が持ち去られた。乗り物や食料の類いの盗難では、被災者がやむをえず持ち去ったケースも多かったようだ。

ところで、「よほどの事情」がなくても、泥棒をはたらく者がいる。ある警察本部の防犯担当者は、「空家になっているところは当然狙われます。大震災が起こったら、私たち警察官の任務は、まず人命救助と交通整理。でも、災害が発生した直後から窃盗が横行すると予想されるので、見回りもします」という。

いくつかの例を見ると、泥棒たちは災害発生直後を狙うようだ。火事場泥棒とはよくいったものである。

たとえば、阪神・淡路大震災のとき、西宮市のある避難所になっていた小学校の体育館からは、10万円相当のシンセサイザーが1台盗まれる事件が発生した。地震が起こった17日当日、何者かが運んでいく姿を児童が目撃していたというが、誰もとがめる者がいなかったのである。

また、あるガソリンスタンドでは、従業員が不在の間にドアがこじ開けられ、売上げ金40万円を入れた金庫が盗まれた。ある商店街の1店では、椅子やテーブルなどの家具が盗まれた。

そんな状況下にあっても、震災直後の兵庫県警では、救助活動や被災者の被害状況の確認に追われ、窃盗の捜査までけなかなか手が回らなかった。そこで、商店街の何人かでグループを組み、数時間おきに見張り番をしたという。ほかの住宅街でも、泥棒に困った何人かが自警団を組織し、数時間おきにパトロールをした。

ただでさえ家は壊れ、避難生活を強いられ、困っているところに、残った家財道具まで盗まれてはたまらない。かといって、個人で見張りに立つ体力も時間的余裕もないだろう。自警団を組むなど、協力しあって交代で見張り番をするのもひとつの手だ。

●便乗値上げに気をつけよう

全国各地から救援物資が送られてくる一方、混乱している状態に乗じて、商品の便乗値上げも行なわれる。世の中、善意の人たちばかりではないのだ。

主に便乗値上げされるものとしては、食料、飲料水、日用品、衣類、震災にあわなかった地域の家賃や保証金、家屋の解体や修理費用などがあげられる。阪神・淡路大震災では、たった1本のペットボトルの水が、2000円で売られていたケースもあった。通常価格の5～10倍まで、値段がはね上がったのだ。

意外な物では、中古のミニバイクの値段が上がった。交通状態の悪い道路では、ミニバイクが役に立つからだ。

阪神大震災では、物価110番が設置された。しかし、非常事態でのこと、ほとんど機能しなかった。時には、役所は頼りにならないものと考えておこう。移動車による販売であれば、次々に場所を変えることができる。取り締まりがくる前に逃げ去ってしまうのだ。

では、このような人の弱みにつけ込んだ便乗値上げには、どのように対処すればいいのだろうか。

まずは、なにがなんでも商品を手に入れようという考えを捨てることだ。そして、お客同士が一致団結して、店舗への抗議を行なうことである。これからも同じ地域で商売を続けていくのであれば、お客の心をつかんでおかなくてはならない。近隣の得意客がみなそっぽを向いてしまえば、いくら強欲な店主でも、自分自身の過ちに気がつくことだろう。

また、移動車での販売でも同じことがいえる。道理に外れた価格では、物を売ることができないことを理解させよう。

しかし、家屋の解体や修理費用などは通常の値段がわからないものだ。近所の人たちと情報交換をして、正当な価格であるかどうかを調べる必要がある。被災者同士、助け合うことが大切だ。場合によっては、ボランティア団体が家屋の解体を手伝ってくれる。

●救援物資、義援金は届くのか？

被災者の元に救援物資や義援金は届くのだろうか。

阪神・淡路大震災の例をあげてみよう。

救援物資については、全国各地から食料や衣類などが届いた。食料の場合、被災者の手に届く前に捨てられるケースも多くあった。道路状態が悪くて、すぐに届けることができなかったからだ。そのうえ、震災直後としばらくたったあとでは、被災者の必要とするものが違ってくる。そのため、せっかくの好意で送られてきた物資が、まったく役に立たない場合もあった。

では、被災者が必要とするものは何か？

震災直後では、水、日持ちのする食料、紙おむつ、粉ミルク、生理用品、毛布などである。しばらくたつと、寝具、衣類、日用品、学用品、新聞・雑誌などに変わってくる。しかし、なかには、どこに行けば救援物資を入手できるのかわからず、救援物資を受けることができない被災者もいた。

救援物資を送る際、注意すべきことは、食料なら食料、衣類なら衣類で分けて入れること。仕分けの手間が省けて、被災者に届くのが早くなる。また、親戚や友達が被災者で、どうしてもその相手に届けたいのであれば、直接、持っていくしか手はない。

義援金の分配はどのようになっているのだろうか。

阪神・淡路大震災での被災者は32万人で、兵庫県、日赤、中央共同募金会などで集められた義援金の総額は約1722億1500万円である。この総額は各自治体、マスコミ、銀行、スーパーやコンビニの店頭などで集められた義援金を省いた金額である。

これらの義援金は、兵庫県南部地震災害義援金募集委員会がまとめて管理して、被災者に配分した。神戸市、宝塚で行なわれた1回目の配分では、死亡・行方不明者にひとり10万円、建物では全半壊で10万円、一部損壊では、なしであった。

この際、義援金募集委員会では、平等に配分するように心がけた。しかし、被災者側から不満の声が続出した。

たとえば、義援金の支払い金額は建物の損壊程度によって違ってくる。罹災台帳の作成については、なんの基準もないまま、職員が行なった。また、世帯主でも老人でも、死亡・行方不明者に支払われる金額が、まったく同じであったことも被災者の不満をあおり立てる結果となった。しかも、役所の窓口は長蛇の列。罹災証明書を発行してもらうにもひと苦労だった。

最後に、にせのボランティア団体が現われたことを記しておこう。これらの団体は、全国各地で活動して、人々の善意からなる募金をだまし取っていたという。許しがたい犯罪である。

いずれにせよ、災害時の生と死を分けるのは、紙一重の差だ。ふだんからちょっと心がけておくだけで、被害を最小限にくい止めることは可能なのである。

●主な参考文献

「防災白書平成12年」
「警察白書平成12年」
「防衛白書平成12年」
「災害対策基本法」
「防災基本計画」
「大規模地震対策特別措置法」
『リスクとつきあう』吉川肇子（有斐閣選書）
『富士山が噴火する日』大山輝・阿部幸恵（大陸書房）
『噴火と地震の科学』木村政昭（論創社）
『大震災サバイバル・マニュアル』朝日新聞社編（朝日新聞社）
『徹底検証　東京直下大地震』溝上恵（小学館文庫）
『大地震の前兆 こんな現象が危ない』池谷元伺（青春出版社）
『これから注意すべき地震 噴火』木村政昭（青春出版社）
『いま富士山が危ない』大山輝（白楽）
『予告された震災の記録』佐野真一（朝日新聞社）
『火山のはなし』下鶴大輔（朝倉書店）
『火山とマグマ』兼岡一郎、井田喜明（東京大学出版会）
『噴火と地震』木村政昭（徳間書店）
『「地震と噴火」予知できない本当の理由』井田喜明（勁文社）
『地震考古学』寒川旭（中央公論社）

『図解　地震のことがわかる本』　飾村曜（新星出版社）
『富士山大爆発』　相楽正俊（徳間書店）
『警告！　東京大地震』　竹内均（ＰＨＰ研究所）
『富士山　大いなる自然の検証』　読売新聞社編（読売新聞社）
『富士山が大爆発する?!』（学習研究社）
『心のストレス病』　河野友信　ＰＨＰ研究所）
ニュートン別冊「せまり来る巨大地震」（ニュートンプレス）
「火山噴火予知連絡会20年の歩み」（気象庁、１９９５）
「火山災害の研究」（損害保険料率算定会、１９９７）
「富士山火山防災ハンドブック」（建設省中部地方建設局富士砂防工事事務所、山梨県　静岡県２０００）
「わが国の災害対策」（内閣府）
「第88回火山噴火予知連絡会報道発表資料」（２００１）
「ＳＥＩＳＭＯ（サイスモ）」（地震予知総合研究振興会地震調査研究センター、２００１・１月号）
「火山噴火災害危険区域予測図作成指針」（国土庁（旧）、１９９２）
各種新聞・雑誌

●ホームページ

日本火山学会
火山噴火予知研究推進センター（火山センター）
気象庁
国土地理院
富士火山のホームページ
静岡県下の地震（火山）情報
静岡新聞ホームページ
関係各省庁ホームページ
東京都ホームページ
ほか

●取材協力

内閣府防災総括部
警庁広報室
静岡県防災局
静岡県警察本部災害対策課
愛知県消防防災課
気象庁
国土地理院

地震予知連絡会
火山噴火予知連絡会
損害保険料率算定会
東京ガス広報部
東京電力広報部
NTT東日本広報部
佐川急便経営企画室広報課
ヤマト運輸広報部
北海道壮瞥町
北海道森町

大阪大学　池谷元伺教授
静岡大学　小山真人教授
慶応義塾大学　吉川肇子助教授
岡山理科大学　弘原海清教授

◆執筆者プロフィール◆（順不同）

安恒　理（やすつね　おさむ）

1959年福岡県生まれ。出版社の雑誌編集部勤務を経てフリーランスライターに。ビジネス、経済、スポーツと幅広いジャンルで活躍中。主な著書に『オンライン株式投資』（明日香出版）、『私が長嶋茂雄です』（たちばな出版）など。

吹田真一（すいた　しんいち）

1967年生まれ。業界紙や月刊経済誌の編集記者を経て、現在フリーランスライター。得意分野は地震、考古学をはじめ、マスコミ関係、高齢者問題など。「サイゾー」「財界展望」などで執筆。

三鍋謙作（みなべ　けんさく）

1948年生まれ。専門は経済・マーケティング分野。著書に『独立・起業ハンドブック』（ティ・アイ・エス）、執筆協力に『ホームページで副収入を得る』（明日香出版）、『星の王子様の謎がすべて解けた』（二見書房）など。

内田有子（うちだ　ゆうこ）

編集プロダクションを経てフリーランスライターに。就職情報誌、教育関連誌、不登校情報誌、シニア向け雑誌などに執筆。

豊島亜紀（とよしま　あき）

1971年兵庫県生まれ。編集プロダクション勤務を経てライターとして独立。30誌以上の雑誌に執筆。現在、編集・制作プロダクション㈲年中夢求代表。

■読者の皆様へ

小社の出版物をご愛読くださいまして、誠にありがとうございました。新しい時代感覚に溢れた書籍をこれからも世に問うつもりでおります。つきましては、読者の皆様方からのご意見、ご提案を心よりお待ちいたしております。
現在、関心を持たれているテーマや著者、読みたい本の種類、企画提案など、どんなことでも結構です。どしどしお便りをお寄せください。

—イースト・プレス編集部—

富士山噴火と東海大地震

発 行 日　2001年9月1日　第1刷発行

監　　修　木村政昭
著　　者　安恒　理ほか
装　　丁　小島トシノブ
本文イラスト　磯倉　哲
編集協力　天才工場・吉田浩
写真提供　共同通信社

発 行 者　小林　茂
発 行 所　株式会社　イースト・プレス
〒116-0013　東京都荒川区西日暮里5-33-2　小宮ビル7F
TEL／03（5604）1181
FAX／03（5604）1182

印刷所　中央精版印刷株式会社　＜検印廃止＞

ISBN4-87257-264-5 C0036